Adelheid Müller-Lissner

Verzeihen können – sich selbst und anderen

Das Buch

Wer verzeihen kann, befreit sich von negativen Gefühlen, hat einen stabileren Blutdruck und verliert sogar überflüssige Pfunde. Anderen, aber auch sich selbst zu verzeihen tut gut! Es führt aus der vermeintlichen Opferrolle heraus und ebnet den Weg für ein neues Miteinander. Dass dieser Weg ein steiniger und zugleich beglückender ist, davon erzählen die Menschen in diesem Buch. Ob der Fall Natascha Kampusch, der Bericht von Vera Lengsfeld oder die Schilderungen einer betrogenen Ehefrau: Eindringlich werden die Chancen des Verzeihens beleuchtet – aber auch dessen Grenzen benannt.
Gespräche mit Wissenschaftlern, Therapeuten und Künstlern ergänzen die persönlichen Erfahrungen. Dieses Buch ist ein kluger und einfühlsamer Lebensbegleiter.

Die Autorin

Adelheid Müller-Lissner, Jahrgang 1952, Studium der Germanistik, Romanistik, Pädagogik und Philosophie in Marburg und Zürich; promovierte über Sartre, arbeitete einige Jahre als Lehrerin in München und lebt seit 1994 mit ihrer Familie in Berlin, wo sie seitdem als freie Journalistin (u. a. für den *Tagesspiegel*) und Buchautorin arbeitet. 2013 erschien von ihr »Enkelkinder. Unser neues Abenteuer« im Herder-Verlag.

Adelheid Müller-Lissner

Verzeihen können – sich selbst und anderen

Ein Schlüssel zu mehr Lebensglück

HERDER

FREIBURG · BASEL · WIEN

HERDER spektrum Band 6674

MIX
Papier aus verantwortungsvollen Quellen
FSC
www.fsc.org
FSC® C083411

www.herder.de

Umschlaggestaltung: Designbüro Gestaltungssaal
Umschlagmotiv: © Getty Images

Satz: Margret Kowalke-Paz, Berlin
Herstellung: CPI books GmbH, Leck

Printed in Germany

ISBN 978-3-451-06674-0

Inhalt

Vergeben, um besser zu leben?

»Die Macht der Verzeihung ist eine Macht,
die sich jeder vorbehält und die jeder hat.«
Elias Canetti

Verzeihen können! Ein weites Feld. Ich möchte mich ihm auf meine Weise nähern. Nicht als Therapeutin, Theologin oder Wissenschaftlerin und auch nicht als Autorin, die allein aus der eigenen Lebenserfahrung schöpft, um anderen Menschen Ratschläge für ein »richtiges« und »gelungenes« Leben zu erteilen. Lieber verstehe ich mich als eine Art Sprachrohr: Ich habe mit vielen Menschen über das Verzeihen gesprochen, sie nach ihren konkreten Wegen und Lösungen befragt und möchte das alles weitergeben. Darüber hinaus ist ein fundierter Background für mich als Wissenschaftsjournalistin unerlässlich, so dass ich das Phänomen des Verzeihens von verschiedenen Seiten beleuchten und die umfangreichen, fachlichen Erkenntnisse ebenso berücksichtigen werde wie die individuellen, emotionalen Erfahrungen. Denn ein Buch, das den Dschungel der Begriffe rund um das Verzeihen, den aktuellen Forschungsstand in verschiedenen Wissenschaften mit persönlichen Lebensgeschichten vereint, habe ich unter den vielen anderen nicht finden können. Ich musste es folglich schreiben – auch für mich selbst.

Glücklicherweise konnte ich dafür sehr unterschiedliche Menschen als »Scheinwerfer« gewinnen: Wissenschaftler, die sich dem Thema Verzeihen aus psychologischer, psychiatrischer oder theologischer Sicht widmen, Therapeuten, die den Wert des Verzeihens aus ihrer praktischen Arbeit kennen. Und vor allem Menschen, die es in ihrem Leben schwer hatten oder haben, mit einer tiefen Verletzung fertigzuwerden. Ihnen allen verdanke ich diese spannenden und wertvollen Informationen. Denjenigen, die mir ihre persönliche Geschichte anvertraut haben, danke ich darüber hinaus von ganzem Herzen für ihre mutige Offenheit und ihr großes Vertrauen. Auch im Schutz der Anonymität (die für die meisten persönlichen Schilderungen gewählt wurde und an den nur mit Anfangsbuchstaben wiedergegebenen Nachnamen erkennbar ist) ist es belastend, über den Umgang mit Wunden zu berichten, die auch zeitlicher Abstand und weise Ratschläge oft nicht vollständig heilen konnten.

Wenn ich nicht davon überzeugt gewesen wäre, dass diese individuellen Geschichten, zusammen mit den Einsichten der professionellen »Experten fürs Verzeihen«, meinen Leserinnen und Lesern dabei helfen könnten, über selbst erlittenes Unrecht, über Kränkungen, größere oder kleinere, über schmerzvolle Ereignisse aus der Vergangenheit hinwegzukommen, dann hätte ich mich auch nicht getraut, meinen Gesprächspartnern so nahezutreten. Nur die Hoffnung auf den Nutzen ihrer Erfahrungen für andere macht meine Neugier verzeihlich.

Vieles von dem, was meinen Gesprächspartnern widerfahren ist, würde man im allgemeinen Sprachgebrauch als »unverzeihlich« bezeichnen: Menschen, die ohne Vorwarnung vom Partner verlassen wurden, eine lieblose Kindheit durchgemacht haben, missbraucht wurden, nachträglich von jahrelangen Bespitzelungen erfuhren.

Wenn es ihnen trotzdem gelang, »über den eigenen Schatten zu springen« und ihren Frieden mit der Vergangenheit zu machen, war das oft ein Sieg in Etappen. Einer der Hauptakteure der neuen Forschungsrichtung, der amerikanische Soziologe Robert Enright, bekannt geworden durch sein Buch *Vergebung als Chance*, ist davon überzeugt, dass auch das Verzeihen gelernt sein will. Für ihn handelt es sich dabei um einen langwierigen Prozess in vier Schritten: Zuerst muss sich das »Opfer« über die schwer zu verzeihende Tat und über den »Übeltäter« Klarheit verschaffen. Im zweiten Schritt muss sie oder er sich dazu durchringen, wirklich verzeihen zu wollen. Erst nach diesem Entschluss beginnt die eigentliche Arbeit des Vergebens: Man muss Verständnis für den anderen aufbringen. Und für den eigenen Schmerz. Im vierten Stadium schließlich könne man die Befreiung aus dem emotionalen Gefängnis genießen, so zeigt sich Enright überzeugt.

Diese innere Befreiung konnte unter anderem meine Gesprächspartnerin Aline B. erleben: Nach etlichen Jahren Ehe und drei gemeinsamen Kindern entdeckte sie plötzlich, dass ihr Mann sie mehrfach betrog. Sie stellte ihn zur Rede, suchte die Auseinandersetzung und die Konfrontation. Obwohl die Verletzungen sehr tief gingen und die Enttäuschung ihr heftig zu schaffen machte, versuchte sie ihren Mann zu verstehen. Bis sie seine Erklärung irgendwann annehmen und ihm verzeihen konnte. Es dauerte eine Weile, bis sie ihrem Mann nach diesem Treuebruch wieder vertrauen und mit ihm auf einer neuen Basis zusammenleben konnte.

Die weniger versöhnlichen Geschichten, die ich zu Beginn des Buches schildere, sind aus meiner Sicht noch nicht abgeschlossen. Es bleibt möglich, dass sie sich »aufhellen«. Und wenn es so etwas wie einen Weg des Verzeihens gibt, sind alle einzelnen Schritte interessant, so mühsam sie auch sein mögen.

Bei Prominenten wiederum geht oft alles etwas schneller. Vor ein paar Jahren wurde uns auf den vermischten Seiten der Tagespresse ein Beispiel dafür serviert, dass diese Regel sogar für das Verzeihen gelten kann. Die Ereignisse überschlugen sich: Eben noch hatte Renate Fischer, Frau des »Bullen von Tölz«, einer Boulevardzeitung anvertraut: »Ich habe meinen Ehering abgenommen.« Schon ein paar Tage später ließ die Gattin die *Bild* wissen, dass sie ihrem Mann nun doch verzeihen wolle. Schauspieler Ottfried Fischer, der sie mit einer jungen Österreicherin betrogen hatte, dann aber eine herbe Enttäuschung erlitt, als sich herausstellte, dass sie Prostituierte war und es vor allem auf sein Geld abgesehen hatte, durfte nach einem unfallbedingten Krankenhausaufenthalt schnell wieder zu Hause einziehen. »Ich kann meinen Otti nicht leiden sehen«, so die Begründung der Betrogenen.

Auch wenn man ins Kalkül zieht, dass Frau Fischer damals gleichzeitig als Managerin ihres Otti tätig war und die Affäre medial klug zum Vorteil des Familienunternehmens zu nutzen wusste, auch wenn man Tempo und Lautstärke dieses öffentlich vollführten Sinneswandels eher für abstoßend als für beispielgebend halten möchte, behält diese Geschichte einer Blitz-Versöhnung durchaus ihren Reiz. Interessant ist sie nämlich vor allem aus psychologischer Sicht: Mit der Bereitschaft zur Vergebung hat Ehefrau Renate nicht nur das Leiden ihres Mannes gelindert. Sie hat auch sich selbst etwas Gutes getan.

Denn Vergeben tut gut! Dafür sprechen über 40 wissenschaftliche Studien, die in den letzten Jahren zu dem Thema erschienen sind. Die Studien geben Hinweise darauf, dass das Verzeihen sich nicht allein auf die Psyche wohltuend auswirkt, sondern dass die Folgen auch ganz konkret auf körperlicher Ebene messbar sind. So ergab eine medizinische Untersuchung von 400 Freiwilligen aus dem US-Bundesstaat Michigan, dass Menschen, die nach eigener Aussage eher zum Verzeihen bereit sind, einen niedrigeren Blutdruck und niedrigere Werte des Stresshormons Kortisol aufweisen als diejenigen, die dazu neigen, in ihren ablehnenden Gefühlen zu verharren oder sogar Rachegedanken zu hegen. Der Psychiater James Carson von der Duke University in North Carolina wiederum konnte zeigen, dass Verzeihen sogar davor schützen kann, dass Schmerzen chronisch werden. Und Forscher aus Italien berichten, dass übergewichtige »Frustesserinnen« stark abnahmen, nachdem sie ihren Ehemännern verschiedene Kränkungen verziehen hatten.

Im Jahr 2003 brachte ein Kongress die Koryphäen der sogenannten Forgiveness-Forschung im amerikanischen Atlanta zusammen, und zwar auf Initiative einer *Kampagne für Vergebensforschung*, zu deren Vorsitzenden keine Geringeren als die Friedensnobelpreisträger Jimmy Carter und Desmond Tutu gehörten. Das macht deutlich, dass Vergeben und Verzeihen auch im internationalen Geschehen ein wichtiges Thema darstellen. Auf diese politische und gesellschaftliche Dimension bin ich im April 2009 ganz direkt gestoßen worden und zwar durch ein Kolloquium im Reha-Zentrum Seehof der Deutschen Rentenversicherung in Teltow bei Berlin. Dort ging es in Vorträgen von 25 Forschern aus aller Welt um »Politische und gesellschaftliche Dimensionen von Verbitterung und Vergebung«. Bei dieser Gelegenheit habe ich erfahren, dass Forgiveness Education unter anderem eingesetzt wurde, um nach dem Nordirland-Konflikt den Frieden im Land zu sichern. Über die Erfolge berichtete der Belfaster Psychologieprofessor Ed Cairns. Besonders beeindruckt war ich von der Psychologin Pumla Gobodo-Madikizela, die in Südafrika die Auswirkungen persönlicher Versöhnungsversuche auf Verbitterungsstörungen untersucht, die eine Folge der Apartheid sind.

»Was passiert, wenn ganze gesellschaftliche Gruppen verbittert sind?«, fragt wiederum der Berliner Psychiater und Psychosomatiker Michael Linden. Als Leiter der Abteilung für Verhaltenstherapie und Psychosomatik des Reha-Zentrums in Teltow behandelt er auch Menschen, deren Belastungsstörung im biographischen Zusammenhang mit der Wende 1989 und der darauffolgenden Wiedervereinigung Deutschlands steht. So zum Beispiel einen Sozialarbeiter, Mitte 50, der jahrelang ein kirchliches Waisenhaus leitete und sicher über die Wendezeit lenkte. Bis die plötzliche Kündigung ihn so hart traf, dass er ernsthaft psychisch erkrankte. »Verbitterungsstörungen, die in Folge eines negativen, als ungerecht betrachteten Lebensereignisses auftreten, werden oft als Depression missverstanden«, sagt Linden. Posttraumatische Verbitterungsstörungen diagnostizieren Psychiater auch bei Menschen, die Bespitzelungen durch nahe Vertraute erleben mussten. Jeder kennt das Gefühl der Verbitterung zumindest in Ansätzen, behauptet Linden. Meistens gibt es dafür konkrete Gründe, die sich schlecht ausradieren und komplett vergessen lassen. Besonders gravierende Beispiele sind schwere Misshandlungen und Vergewaltigungen in der Kindheit, für die »Missbrauch« ein unzulängliches begriffliches Etikett darstellt. Kommen solche schweren Kränkungen in einer Therapie zur Sprache, dann laufen auch geschulte Psychotherapeuten Gefahr, sich darauf zu fixieren. Und das aus gutem Grund: Denn in vielen Fällen ist ihren Klienten massiv Unrecht geschehen. Sie sind die »Opfer«, jeder mitfühlende, gerechtigkeitsliebende Mensch steht auf ihrer Seite. Andererseits helfen Therapeuten ihren Klienten nach Lindens Ansicht nur dann auf lange Sicht, wenn sie bei den Reaktionen auf das negative Lebensereignis ansetzen. Denn nur diese Reaktionen liegen in der Macht der »Opfer«, nur hier besteht die Chance auf Veränderung. Das ist eine Sichtweise, die mich nachhaltig beeindruckt hat.

»Weisheitstherapie« nennen Linden und seine Kollegen eine Spezialform der Kognitiven Verhaltenstherapie, die den Betroffenen Ressourcen schenken soll, um konstruktiv mit den unabänderlichen Tatsachen aus der Vergangenheit umzugehen. Und tatsächlich werden Anleihen bei Philosophen aus der Antike gemacht. Das Konzept will jedoch ganz praktische Lebenshilfe bieten, so wie es auch vielen griechischen und römischen Denkern vorschwebte. Denn was vermag Weisheit, wenn sie keinen praktischen Nutzen hat? Es gibt, wie wir später sehen werden, viele unterschiedliche Lösungsansätze für die drängenden Fragen, die sich den seelisch Verletzten stellen: Wie kann man möglichst glücklich (weiter-)leben, obwohl man die schmerzliche Erfahrung machen musste, dass die Welt alles andere als gut ist? Kann man Vergeben lernen? Kann und soll man eigentlich alles vergeben?

Fragen dieser Art beschäftigen auch Menschen, die Enttäuschungen erlebt haben, ohne dadurch therapiebedürftige Störungen zu entwickeln. Sie tauchen häufig im innerfamiliären Kontext, zwischen den Generationen, aber auch zwischen erwachsenen Geschwistern auf.

In den meisten Fällen ist das Vergeben aber eine Aufgabe für Partner innerhalb einer Paarbeziehung. Und zwar am häufigsten, nachdem er oder sie von einem Seitensprung erfahren hat. Heute komme das typischerweise heraus, erzählen Paartherapeuten, wenn der Partner, der Verdacht geschöpft hat, heimlich Nachrichten auf dem Handy oder E-Mails anschaue.

»Ein Seitensprung ist ein ganz elementar erlebter Vertrauensbruch«, sagt die Berliner Psychologin Monika Häußermann, die lange bei pro familia Paare beraten hat und jetzt als Paartherapeutin in einer eigenen Praxis arbeitet. Viele Menschen haben sich schließlich anfangs geschworen: Wenn mein Partner mich betrügt, dann verlasse ich ihn! Und die meisten glauben: Uns wird das nie passieren. »Das ist auch eine Art von Größenwahn«, kommentiert Häußermann nüchtern. Denn wenn es doch anders kommt, dann brauche es Zeit, bis man die Stärke habe, dem anderen verzeihen zu können. »Man muss dabei auch mit sich selbst ins Reine kommen, man muss es sich selbst verzeihen, dass man zum Verzeihen bereit ist!« Weil das »Opfer« aber meist ganz genau wissen will, warum der andere fremdging und wie sich alles im Detail abspielte, werden die Wunden zunächst immer wieder aufgerissen. Andererseits kann sich nur das »Opfer« selbst aus dieser Position herausholen. Und dazu gehört das Bewusstsein der Entscheidungsfreiheit, die wiederum bei materieller Abhängigkeit nicht gegeben ist. »Ich kann nur bleiben, wenn ich weiß, dass ich auch gehen könnte«, sagt die Paartherapeutin. Jeder muss für sich selbst prüfen, wo genau die Grenzen des Verzeihens liegen.

Renate Fischer hat schnell gespürt, dass sie ihren Otti zurück will – und trotz Verletzung und Enttäuschung verziehen. Aber kann man das Ruder so schnell herumreißen und von einem Tag auf den anderen den Entschluss zum Verzeihen fassen? Das schon, meint die Paartherapeutin, »aber die beiden werden jetzt anfangen müssen zu arbeiten.« Denn die Erfahrung der Untreue verändert eine Beziehung grundlegend. Dabei kann die Erkenntnis, dass Vergeben keineswegs ein selbstloser Akt ist, sondern der eigenen körperlichen wie seelischen Gesundheit nützt und die eigenen Kräfte stärkt, jedoch helfen, den Anfang zu wagen. Ein südamerikanisches Sprichwort sagt: »Mit jedem Male, da du einem anderen verzeihst, schwächst du ihn und stärkst dich selbst.« Wer den mühsamen Prozess des Vergebens wirklich durchlaufen hat, will wohl vor allem das zweite. Andererseits lässt sich aber auch der Gedanke nicht abweisen, dass Milde und Macht ein geheimes Verhältnis miteinander pflegen: Milde kann unter bestimmten Umständen zu Macht führen und das Gegenüber schwächen. Und auch umgekehrt: Der Mächtige kann es sich leisten, milde zu reagieren. Er kann Gnade vor Recht ergehen lassen. Ein Vorrecht des Herrschers, von dem der römische Kaiser Titus in Mozarts letzter Oper *La clemenza di Tito* (*Die Milde des Titus*) in geradezu unglaublichem Ausmaß Gebrauch macht. Der Mann verzichtet nicht nur nacheinander auf zwei Frauen, die er sehr liebt und gerne heiraten würde – das eine Mal, weil sein Volk dagegen ist, dass er eine Ausländerin heiratet, das andere Mal, weil die Auserwählte ihm offen gesteht, dass sie einen anderen liebt. Nein, er begnadigt auch seinen ehemals guten Freund, der ihm mit einem heimtückischen Anschlag nach dem Leben trachtete.

»Vergeben macht die Mächtigen noch mächtiger« – mit diesem Ausspruch zitiert die Theologin und Therapeutin Beate Weingardt den römischen Dichter Publius Syrus. Umgekehrt imponieren so viel Milde, so viel Verzeihensbereitschaft wohl allenfalls bei einem Herrscher. Wir anderen, mit weniger Machtbefugnissen Ausgestatteten, sind viel eher geneigt, unsere Nachsicht als Schwäche zu begreifen. Auch wer sich selbst viel durchgehen lässt, wird meist als schwacher Charakter eingeschätzt. Wie viel Nachsicht mit sich und anderen ist angemessen? Wo muss das Verzeihen seine Grenzen finden? Welcher Weg am Ende der »richtige« ist, das muss jeder ganz für sich allein entscheiden.

Ohnmacht und Verbitterung: Warum Verzeihen schwerfällt

»Nicht die Dinge selbst, sondern die Meinungen und Urteile über sie beunruhigen die Menschen.«
Epiktet

Die Geschichte des Michael Kohlhaas

»An den Ufern der Havel lebte, um die Mitte des sechzehnten Jahrhunderts, ein Rosshändler namens Michael Kohlhaas, Familienvater aus dem Brandenburgischen und Sohn eines Schulmeisters, einer der rechtschaffensten und entsetzlichsten Menschen seiner Zeit.« So beginnt Heinrich von Kleist seine berühmte Erzählung *Michael Kohlhaas* aus dem Jahr 1810. Darin wird dem Pferdehändler auf einer beruflichen Reise nach Sachsen durch Fürstenwillkür unbestreitbares Unrecht zugefügt: Ein Junker behauptet, eine Gesetzesänderung habe es mit sich gebracht, dass er nur mit einem Passierschein und gegen Zahlung einer Gebühr auf sächsisches Gebiet wechseln dürfe. Er, der Schlossherr, müsse zwei seiner Pferde als Pfand zurückbehalten, der Knecht des Pferdehändlers könne dableiben und sie versorgen. Kohlhaas zieht weiter, muss aber erkennen, dass er zum Narren gehalten wurde: Eine solche gesetzliche Bestimmung existiert nicht. Als er auf dem Rückweg seine Pferde in Empfang nehmen will, sind sie abgemagert, der Knecht misshandelt. Noch bleibt Kohlhaas ruhig und besonnen, er beschreitet den Rechtsweg und erhebt in Dresden Klage, erfolglos. Er macht eine Eingabe bei seinem brandenburgischen Landesherrn, die seine Ehefrau überbringt. Die geliebte Frau wird von der Schlosswache schwer verletzt und stirbt wenig später. Nun rastet der Pferdehändler aus: Er verkauft seine Besitztümer, schickt seine fünf Kinder zu Verwandten, bewaffnet seine Knechte, brennt die Burg des Junkers nieder und tötet alles, was sich ihm in den Weg stellt. Seine Anhängerschaft wächst. Mehrmals zündet er die Stadt Wittenberg an, weil der Junker sich dort versteckt hält.

»Die Welt würde sein Andenken haben segnen müssen, wenn er in einer Tugend nicht ausgeschweift hätte«, urteilt Kleist über seinen Helden. Und fügt hinzu: »Das Rechtsgefühl aber machte ihn zum Räuber und Mörder.« Kohlhaas, der zunächst alles daransetzt, sein Recht zu bekommen, wird aus dem Gefühl der Ohnmacht heraus und aus einem grundlegenden Misstrauen gegenüber den staatlichen Autoritäten wütend. An einer Stelle heißt es, er sei »in die Hölle unbefriedigter Rache zurückgeschleudert«. Aus seinem Bedürfnis nach Rache erwächst eine in ihren Folgen schreckliche Selbstjustiz.

Nur ein einziges Mal fällt in dieser langen, extrem verwickelten Erzählung das Wort Vergeben, allerdings an einer entscheidenden Stelle. Da hat sich Michael Kohlhaas in einer Verkleidung beim Reformator Martin Luther eingeschlichen, der sein Verhalten in einem Aushang öffentlich missbilligt hatte. Der Pferdehändler erweist sich als zugänglich für viele Argumente des Gottesmannes. Zum Schluss erbittet er sich von ihm das Sakrament der Buße. »Luther, nach einer kurzen Besinnung, indem er ihn scharf ansah, sagte: ja, Kohlhaas, das will ich tun! Der Herr aber, dessen Leib du begehrst, vergab seinem Feind. – Willst du, setzte er, da jener ihn betreten ansah, hinzu, dem Junker, der dich beleidigt hat, gleichfalls vergeben?« Allen könne er vergeben, erwidert Kohlhaas, den beiden Landesherren, den Bediensteten des Junkers »und wer mich sonst in dieser Sache gekränkt haben mag«. Der Junker selbst allerdings müsse sich seinen Bedingungen beugen und ihm die Pferde höchstpersönlich gut gefüttert und gepflegt wieder aushändigen, sonst sei kein Vergeben möglich.

Das Gespräch zwischen Kohlhaas und Luther bildet genau die Mitte der Erzählung, die noch zahlreiche weitere Verwicklungen enthält. Am Ende bekommt Kohlhaas von seinem Landesherrn sein Hab und Gut zurück, der Junker wird zu zwei Jahren Gefängnis verurteilt. »Ganz überwältigt von seinen Gefühlen« kniet Kohlhaas nieder. Danach muss er seinerseits wegen Landfriedensbruch dem Kaiser Genugtuung geben. Darauf steht die Todesstrafe.

Das Gerechtigkeitsempfinden könne zur »ausschweifenden Tugend« werden, sagt Kleist. Aus dem rechtschaffenen werde dann »einer der entsetzlichsten« Menschen. Ein »Michael Kohlhaas«

ist seit Erscheinen von Kleists Erzählung im allgemeinen Sprachgebrauch einer, bei dem das eine in das andere umkippt. Wie das bei seinem Helden geschehen ist, zeigt Kleist ziemlich genau – ohne ausdrücklich zu »psychologisieren«: Kohlhaas wird nicht nur Schaden zugefügt, er wird auch von den Adligen verspottet, geradezu »gemobbt«. Er zweifelt an der Gerechtigkeit der Staaten, denen er bisher treu diente. Dass er schließlich ausrastet, hat mit einem schweren Trauma zu tun: Er musste erleben, dass seine geliebte Frau an den Folgen ihres selbstgewählten Einsatzes für seine gute Sache stirbt und seine fünf Kinder ihre Mutter verlieren. Jeder kann Michael Kohlhaas zunächst verstehen und sein Verhalten nachvollziehen. Und jeder wünscht sich gleichzeitig, dass er selbst hätte anders handeln können.

Was bitter macht

»Alles, was passiert ist, ist ständig präsent«

Ein Gespräch mit Richard H., der zuerst seine Familie und seine Kinder, dann seinen Job und irgendwann auch seinen Lebenssinn verlor

Die wenigsten Menschen werden die Frage, was sie an einem bestimmten Tag im Februar 2005 gemacht haben, heute noch auf Anhieb beantworten können. Ohne in ihrem alten Kalender zu blättern, können das wahrscheinlich nur diejenigen unter uns, die an diesem Tag ein Kind bekommen, sich Knall auf Fall verliebt, eine lang herbeigesehnte Reise angetreten oder den Job gewechselt haben.

Richard H. denkt morgens, mittags und abends an den Februar 2005. Es vergeht kein Tag, an dem er nicht an das Vergangene erinnert wird. Und man merkt dem 44-Jährigen an, wie weh das Erinnern tut. »Es gibt Momente, da kann ich überhaupt nicht darüber sprechen«, sagt Richard H. Um dann zögernd, fast bedächtig, mit dem Erzählen anzufangen. Von dem Tag, an dem er abends von der Arbeit nach Hause kam und seine Münchner Wohnung leergeräumt vorfand. Seine Frau und die beiden drei- und sechsjährigen Töchter waren nicht da. Und es fehlten ein Großteil der Möbel und viele persönliche Dinge. »Dafür lag auf dem Fußboden ein Zettel mit wüsten Beschimpfungen und Beleidigungen.« Ohne Vorwarnung war seine Frau nach monatelanger, heimlicher Vorbereitung mit den Kindern ausgezogen. Wirklich aus heiterem Himmel? »Nun gut, es gab Streit, aber der war nicht so groß, dass man sagen könnte, so eine feige und hinterhältige Tat würde man der eigenen Partnerin zutrauen. Schließlich haben wir einen Tag zuvor noch einen lustigen Familienausflug gemacht, aber heute weiß ich, es war alles nur Fassade und falsches Spiel. Auch die Kinder wurden belogen und ohne Vorwarnung aus ihrem sozialen Umfeld herausgerissen, hatten nicht einmal Gelegenheit, sich von ihren Spielkameraden im Wohngebiet und den Freunden aus dem Kindergarten zu verabschieden. Selbst die Kindergärtnerin wurde getäuscht und wusste von nichts.«

Seine Frau war mit den Kindern in die Nähe von Dresden zurückgegangen. Da stammen sie und ihr Mann her, da haben sie beide Verwandtschaft. Nach München war die junge Familie einige Jahre zuvor gezogen, weil der studierte Elektrotechniker dort einen Job als Entwicklungsleiter bei einem Automobilhersteller bekommen hatte.

Richard H. kam aus dem Grübeln nicht mehr heraus. Immer wieder ging ihm die Frage durch den Kopf, warum seine Frau ihm das angetan hatte. »Eine richtige Erklärung habe ich bis heute nicht, auch keine Entschuldigung.« Bei den Streitereien in den Monaten vor dem Auszug sei es in erster Linie ums Geld gegangen, er habe das nicht für gravierend gehalten, sagt er. Seine Frau hatte zu diesem Zeitpunkt schon viele Jahre nicht mehr gearbeitet, die Kinder waren halbtags im Kindergarten. »Andere Mütter waren aus ihrer Sicht besser gestellt. Obwohl sie immer bis nachmittags Zeit für sich allein hatte, wollte sie eine Putzfrau, eine Hilfe zum Einkaufen und noch eine, die meine Hemden bügelt. Sie hat sich auch einen eigenen BMW gewünscht, weil eine ihrer Freundinnen zu Weihnachten einen 3er BMW geschenkt bekommen hatte, nur konnten wir uns das zu diesem Zeitpunkt nicht annähernd leisten. Außerdem war sie drei bis vier Mal im Jahr für mehrere Wochen mit den Kindern allein im Urlaub, weil ich arbeiten musste, und dann fuhren wir noch mal gemeinsam in den Urlaub.« War es der Vergleich mit den gut situierten Damen in ihrem Münchner Umfeld, der seine Frau so unzufrieden machte? Oder entfremdeten sich die Ehepartner, weil sie kaum etwas zu zweit unternehmen konnten, was früher, in der Dresdner Zeit, immer wieder möglich gewesen war, weil Freunde und Verwandte auf die Kinder aufpassten? Richard H. sucht nach Antworten. Doch über diese Fragen habe er mit seiner Frau nie mehr sprechen können, sagt er heute. »Man konnte ja nicht einmal über die Kinder vernünftig reden, die sie bis heute als ihr Eigentum betrachtet. Ich habe am Wochenende doch nur noch auf der Autobahn gelebt, damit ich sie sehen konnte, fast Woche für Woche 1000 Kilometer.«

Streitereien um das Umgangsrecht kommen dazu, wie sie zahllose Väter kennen. Hier treten sie allerdings in verschärfter Form auf: Einmal kommt Richard H. eine halbe Stunde nach der verabredeten Zeit an der Haustür seiner Familie in Pirna an, erschöpft von den 500 Kilometern Fahrt am frühen Samstagmorgen. Weil kein Mensch da ist, informiert er die Polizei. Man könne aber nur tätig werden, wenn er den begründeten Verdacht habe, dass es den Kindern nicht gut gehe, sagt man ihm dort. Richard H. klingelt erneut an der Haustür, ruft ein weiteres Mal an, um dann der Polizei mitzuteilen, seine Töchter seien möglicherweise in der Wohnung eingesperrt und es würde ihnen etwas angetan. »Das war meine einzige Chance, sie mit Hilfe der Polizei doch noch zu Gesicht zu bekommen.« Dass diese Vorgehensweise für das Verhältnis zur Mutter der Kinder nicht gerade von Vorteil ist, darauf kann der frustrierte Vater in diesem Augenblick keine Rücksicht nehmen. So wütend ist er, so verzweifelt, so dringend möchte er seine Kinder sehen. Seine Frau verweigert jegliche Beteiligung an einem konstruktiven Umgang mit der Situation. »Sie hat die Kinder nicht ein einziges Mal nach München gebracht, auch nicht die kurze Strecke von Pirna nach Dresden.«

Richard H. selbst hat zu diesem Zeitpunkt bereits weitere

schwere Schläge einstecken müssen: Erst einen gesundheitlichen Zusammenbruch mit langer Arbeitsunfähigkeit und diversen Aufenthalten in Krankenhäusern. Dann einen schweren Autounfall während einer der endlosen Fahrten von München nach Dresden. Aufgrund der vielen Belastungen sieht sich Richard H. im Herbst 2006 gezwungen, seinen Job in München aufzugeben. Er nimmt in Dresden bei einer Pharmafirma eine Stelle an, um den Kindern näher zu sein. In diesem Jahr reicht er auch die Scheidung ein, die zwei Jahre später rechtskräftig wird.

Der neue Job in Dresden hatte Richard H. gleich gefordert. »Ich trug viel Verantwortung, der Termindruck war immens, Überstunden wurden erwartet.« Und er merkte, dass er nicht völlig bei der Sache sein konnte. »Ich war mit dem Kopf immer wieder woanders, zeitweise wie gelähmt, konnte nichts dagegen tun.« Trotzdem habe er in seiner neuen Position innerhalb von eineinhalb Jahren ein schwieriges Projekt zum Abschluss gebracht, versichert er. »Am Ende hatten wir es geschafft, heute frage ich mich, zu welchem Preis.« Auf jeden Fall war Richard H. erschöpft, eine Zeit lang war er krankgeschrieben. Dann wurde ihm gekündigt. »Dubios« nennt er die Kündigung, denn Hinweise, dass man mit seiner Arbeit nicht zufrieden war, gab es aus seiner Sicht keine, ganz im Gegenteil. Und aufgrund von E-Mails, die er zuvor erhalten hatte, hält er es für möglich, dass eine verschmähte Liebe dahinter steckt. Denn er hatte sich einige Zeit zuvor von einer Frau getrennt, mit der ihn eine Bekanntschaft verbunden hatte, die er im Rückblick als lose beschreibt. »Wir hatten uns gelegentlich getroffen, es war nichts Enges, aber nun wurde ich ihr Stalking-Opfer.« Richard H. versichert, er habe Belege dafür, dass diese Frau ihn beim Finanzamt, beim Jugendamt und auch seinem Arbeitgeber gegenüber verleumdet hat.

Seitdem befindet sich Richard H. in einer verzweifelten, ausweglosen Situation: Er fühlt sich von seiner Exfrau feige und hinterhältig getäuscht, er kann sich nicht auf die Bedingungen einlassen, die das Jugendamt für den Umgang mit seinen Kindern festgelegt hat, er hat seinen Job verloren und es geht ihm gesundheitlich alles andere als gut. »Immer wieder dieses Unrecht«, sagt er. »Und nicht ein einziges Mal hat jemand versucht, meine Lage als Vater zu verstehen.«

Wut, Trauer, Enttäuschung: Richard H. kann die Gefühle nicht mehr voneinander unterscheiden, die ihn überkommen, wenn er an die Ereignisse der letzten fünf Jahre denkt. Es ist, als hätten alle immer wieder in dieselbe Kerbe gehauen, bis er es nicht mehr aushielt. Die negativen Gefühle betreffen inzwischen längst nicht mehr nur seine Exfrau, sondern auch die Jugendämter, seinen ehemaligen Arbeitgeber in Dresden und die Frau, die ihn dort angeschwärzt hat.

Und mit das Schlimmste ist vielleicht, dass das alles überhaupt nicht zu dem Bild passt, das der 44-Jährige von sich selbst hat. »Ich war immer der Typ, der es wissen wollte, ich wollte im Leben durch Leistung vorankommen.« Manche hätten ihn als Streber eingestuft, sagt er über den Schüler und Studenten, der er einmal war. Er war technisch interessiert, zeichnete sich durch Zielstrebigkeit und Akkuratesse aus. Davon, wie gut er sich in eine komplizierte Materie einarbeiten konnte, zeugt nicht zuletzt eine wissenschaftliche Arbeit über den Einsatz von Lasertechnik in der Augenheilkunde. Und sein beruflicher Erfolg in mehreren Firmen: »Doch jetzt, in dieser Lebenskrise, da bin ich machtlos!«

Das Einheitsgrau, in das sein Leben nach der Kündigung und seit dem für ihn unannehmbaren Ausgang des Sorgerechtsverfahrens im Frühjahr 2009 getaucht ist, als er die Klingel und das Telefon zeitweise abgestellt hat, um nichts und niemanden mehr hören und sehen zu müssen, war auf Dauer nicht mehr zu ertragen. Dazu kamen gesundheitliche Beschwerden, die ihn gehörig beunruhigten, unter anderem Herzprobleme und ein erneuter körperlicher Zusammenbruch. Der Hausarzt riet ihm, psychotherapeutische und psychosomatische Hilfe zu suchen. Richard H. reagierte ablehnend. »Für mich war das eine Hürde, ich habe mich nicht als jemanden gesehen, der ›in die Klapse‹ muss«, erzählt er. Er konnte seine Probleme immer selbst lösen. Und außerdem: »Was soll das Reden bringen, wenn die Probleme und die Ursachen sich nicht ändern?«

Jetzt sitzen wir uns in der Abteilung für Verhaltenstherapie und Psychosomatik des Rehabilitationszentrums Seehof in Teltow bei Berlin gegenüber. Seit acht Wochen ist Richard H. hier in Behandlung. Unabhängig von diesem schwarzen Tag im Februar 2005 gibt es noch andere Dinge, die ihm nicht mehr aus dem Kopf wollen.

Ein paar Monate bevor er in die Klinik kam, hatte sich seine Situation weiter zugespitzt. Er war deprimiert und ohne Antrieb, hatte seine Wohnung praktisch nicht mehr verlassen. »Es war nun die Frage: Wie soll ich überhaupt weiterleben, vor allem wofür? Es ist alles sinnlos geworden.«

Zu Beginn der Behandlung hatte er immer wieder Zweifel, ob der Psychotherapeut seine Situation und seine Nöte verstehen könne. »Ich wusste nicht, was wirklich bei ihm angekommen war.«

Inzwischen, nach mehreren Wochen intensiver Therapie im Reha-Zentrum Seehof, sieht er das ein wenig anders. Richard H. will reden. »Und auf jeden Fall ist es für mich wichtig zu sehen, dass es viele andere Menschen gibt, die in einer ähnlich schwierigen Situation stecken, ob nun in der Arbeit oder in der Familie.« Schon deshalb sind die Gruppensitzungen für ihn wichtig, in denen die Probleme ausgetauscht und besprochen werden.

Doch wie wird es weitergehen, wenn er nach Hause kommt? Wird er wieder in der Lage sein zu arbeiten? Wird er eines Tages mit seiner Exfrau sprechen können? Wird er einer Regelung zustimmen, die dem Vater praktisch alle Rechte abspricht, ihn nicht teilhaben lässt an der Entwicklung seiner eigenen Kinder, ihm verbietet, sie auf ihrem Lebensweg zu begleiten? »Im Moment kann ich gar keinen Kontakt mit ihnen ertragen, jedes Mal bin ich danach tagelang depressiv«, sagt Richard H. »Es zerreißt mich regelrecht, wenn ich daran denke, was meinen Kindern und mir angetan wurde. Den Kindern wird ihr Vater geraubt, weil das besser fürs Kindeswohl sei, sagt das Jugendamt. Ich habe meinen Kindern nie etwas angetan oder sie vernachlässigt. Das wissen alle, die mich kennen.«

Richard H. ist bewusst, dass diese ablehnende Haltung gegenüber seinen Töchtern nicht so bleiben darf. Aber er weiß noch nicht, wohin sein Weg ihn führen wird. Und wie viel Zeit er braucht, um das Erlebte zu verarbeiten.

»Diesem System kann ich nicht verzeihen«
Ein Gespräch mit Rainer S., der zu DDR-Zeiten wegen »staatsfeindlichen Menschenhandels« im Gefängnis saß

Der erste Versuch, mit dem 57-jährigen Ingenieur aus Berlin-Tempelhof ins Gespräch zu kommen, ist zum Scheitern verurteilt: Rainer S. möchte nicht über seine Vergangenheit sprechen. Oder muss man sagen: Er kann es nicht? »Die alten Wunden reißen durch die aktuellen Berichte zum Jahrestag des Mauerfalls immer wieder auf.« Ein Buch über das Verzeihen soll das werden? »Einem der Beteiligten verzeihen, das kann ich sowieso nicht, ich werde es mein ganzes Leben lang nicht können.« Auch über die Gründe dafür könne man reden, entgegne ich. Nun gut, er wolle darüber nachdenken, ich solle in ein paar Wochen noch einmal anrufen.

Der zweite Anlauf. Über seine Haftzeit selbst möchte Rainer S. nicht sprechen. »Die Stimme würde mir versagen.« Einige Fakten, die Begleitumstände betreffend, möchte er aber mitteilen. 1976 kam er zuerst ins Untersuchungsgefängnis Berlin-Hohenschönhausen, sein Gerichtsverfahren lief in Frankfurt (Oder), seine Strafe verbüßte er anfangs in Cottbus: »Staatsfeindlicher Menschenhandel und Vorbereitung zur Flucht«. Er habe Menschen aus der DDR heraushelfen wollen, er habe aber auch Geld gebraucht, um eines Tages selbst das Land verlassen zu können, sagt er heute. 1977 wurde er freigekauft – für 100 000 DM, wie er später erfuhr – und kam ins Aufnahmelager in Gießen. Später konnte er an der Technischen Universität in Berlin das Ingenieurstudium fortsetzen, das er in Dresden begonnen hatte. In der DDR hatte er nicht weiterstudieren dürfen, wurde bei den Vernehmungen als »asoziales Element« beschimpft, weil er keine Arbeit gefunden hatte. »Dabei hat man mich zum Schluss noch nicht einmal als Hoffeger einstellen wollen.« Dann, im Westen, verdiente er einige Jahre lang sehr gut, bei Thyssen in Essen und bei Borsig in Berlin. Er heiratete, wurde geschieden, heiratete wieder und lebt heute von seiner zweiten Frau getrennt. 18 Jahre hat er insgesamt als Ingenieur gearbeitet. Erfolgreich und bei gutem Verdienst, wie er betont. Gegen Ende dieser Zeit, schon nach der politischen Wende, kamen die gesundheitlichen Probleme: »Starke Schmerzen, Depressionen, Burnout, schließlich der Alkohol und die Arbeitslosigkeit.« Für Rainer S. ist heute klar, dass er die schlimmen Erfahrungen im Gefängnis nicht wirklich überwunden hat. »So etwas kommt oft erst Jahre später hoch, hat mein Arzt gesagt.« Könnten nicht auch die privaten, partnerschaftlichen Probleme eine Rolle spielen? »Jede Scheidung ist ein Klacks gegen meine Erlebnisse im Gefängnis«, da ist sich Rainer S. sicher.

Heute möchte er damit überhaupt nichts mehr zu tun haben, nicht mehr darüber nachdenken, schon gar nicht mehr darüber reden müssen. Er habe seinen Antrag auf Einsicht in die Stasi-Akte wieder zurückgezogen, sagt er. »Ich will mich nicht strafbar machen, indem ich einem von denen nachher noch die Zähne einschlage.«

Hass und Bitterkeit sind deutlich spürbar. »Ich habe Sie ja gewarnt: Für ein Gespräch über Versöhnung bin ich nicht der Richtige.« Rainer S. verfolgt das aktuelle politische Geschehen aufmerksam und erhofft sich von der Politik inzwischen so gut wie nichts mehr. Aufarbeitung der Vergangenheit? Er sieht dafür in Deutschland nicht den kleinsten hoffnungsvollen Ansatz. »Was erwarten Sie denn von einem Staat, wenn eine ehemalige FDJ-Sekretärin Bundeskanzlerin werden kann? Die eigentlichen Verlierer der Wende sind doch die, die heute über fünfzig sind. Ausgenommen natürlich diejenigen, die damals das Sagen hatten und heute schon wieder hohe Posten bekleiden.«

Es gibt viele Menschen, mit denen für Rainer S. eine Versöhnung absolut undenkbar ist. Er sieht sie weniger als Menschen, hat vor allem die Institutionen vor Augen, »eigentlich den ganzen Apparat«. Und wem kann er am wenigsten verzeihen? »Der Stasi.« Angenommen, er würde heute einem seiner ehemaligen Vernehmer begegnen und der würde ihn um Verzeihung bitten, könnte er das annehmen? »Auf keinen Fall. Wenn sich einer von denen bei mir entschuldigen würde, dann wüsste ich: Das ist eine Lüge.«

Rainer S. ist inzwischen Westberliner aus Überzeugung. »Schreiben Sie, dass ich grundsätzlich nur in den Ostteil fahre, wenn es gar nicht anders geht. Vor einem Jahr bin ich das letzte Mal kurz dort gewesen, weil eine Verwandte gestorben ist.« Er lebt sehr zurückgezogen, arbeitet schon lange nicht mehr, trifft kaum noch Menschen. »Die Gespräche drehen sich meist ja nur um Themen, die ich belanglos finde. Mich interessiert nicht, wie die Leute ihre Gärten anlegen oder welche Beziehungsprobleme sie haben.«

Rainer S. ist weiterhin in ärztlicher Behandlung. Wegen der chronischen Schmerzen, aber auch, um sein Alkoholproblem unter Kontrolle zu halten. Und weil er sich dort am ehesten verstanden fühlt. »Es ist schon eigenartig: Am besten kann ich mich heute mit meinen beiden Ärzten unterhalten.«

Rainer S. und Richard H. werden vermutlich beide noch eine Zeit lang therapeutische Begleitung brauchen. In der Reha-Klinik in Teltow konnte ich mich mit dem Arzt und Psychotherapeuten Professor Michael Linden unterhalten, der als Leiter der dortigen Abteilung für Verhaltenstherapie und Psychosomatik für die Behandlung von Richard H. verantwortlich war. Er ist in den letzten Jahren zum Spezialisten für das geworden, was er »Verbitterungsstörungen« nennt.

Hilfe gegen die Verbitterung

»Wir möchten unseren Patienten helfen, mit dem Grübeln aufzuhören und wieder gut zu schlafen«

Ein Gespräch mit dem Psychiater und Psychotherapeuten Prof. Dr. Michael Linden über Verbitterungsstörungen und den Versuch, »Weisheit« für die Psychotherapie nutzbar zu machen

Eigentlich ist es ein Gebiet für Sonntagsausflüge: Wer hier in Teltow, gleich vor den Toren der Hauptstadt, aus der S-Bahn steigt, kann sich sofort aufs Fahrrad schwingen und das idyllische Landschaftsschutzgebiet am Teltow-Kanal erkunden. Einige der eifrigsten Radler und Nordic Walker beginnen ihre tägliche Tour allerdings nicht vom S-Bahnhof, sondern vom Reha-Zentrum Seehof der Deutschen Rentenversicherung aus, wo sie mehrere Wochen lang leben. Keiner kann die Patienten dieser Klinik von den erholungsbedürftigen Berlinern unterscheiden, die die Gegend nur in ihrer Freizeit unsicher machen. Vor allem die Menschen, die die Angebote der dortigen Abteilung für Verhaltenstherapie und Psychosomatik wahrnehmen, wirken äußerlich gesund und fit. Was sie belastet, sieht man ihnen nicht an, aber es ist gravierend: Viele haben monatelang nicht gut geschlafen, können nicht mehr arbeiten oder wollten sich sogar das Leben nehmen, weil sie in Gedanken nicht mehr loskommen von der Kündigung, der Trennung, dem Mobbing, das sie erlitten haben. Nach der Internationalen Klassifikation der Krankheiten ICD-10 der Weltgesundheitsorganisation (WHO) leiden sie unter Störungen aus dem Gebiet der »Reaktionen auf schwere Belastungen und Anpassungsstörungen«. Ein weites Feld: Akute Belastungsreaktionen nach einem schlimmen Erlebnis dauern nur wenige Tage. Am bekanntesten ist aber sicher die Posttraumatische Belastungsstörung (PTSD). Diese Diagnose wird nur gestellt, wenn das auslösende Ereignis lebensbedrohlich war oder die Ausmaße einer Katastrophe angenommen hat. Wörtlich heißt Trauma »Verletzung«, doch nicht jede kleine Schürfwunde der Seele wird als Trauma im psychologischen Sinn angesehen. Die Kriterien des

ICD-10 sind streng: Das traumatische Ereignis, das der Störung zugrundeliegt, muss »eine Situation außergewöhnlicher Bedrohung für die Sicherheit oder körperliche Unversehrtheit des Betroffenen oder anderer Personen« darstellen, »die bei fast jedem eine tiefe Verstörung hervorrufen würde«. Solche Ereignisse sind Katastrophen, Kampfhandlungen oder schwere Unfälle. Aber auch, wenn Menschen Zeuge eines gewaltsamen Todes oder Opfer von Folter, Terrorismus oder Vergewaltigung werden. Die Definition umfasst also Situationen, auf die jeder zuvor seelisch stabile Mensch mit einer psychischen Störung reagieren könnte. Wer davon hört, denkt an die Opfer von Flugzeugentführungen, an den Tsunami in Südostasien im Jahr 2004 oder an Soldaten, die mit ihren Erlebnissen während der militärischen Einsätze nicht fertigwerden. Unter Psychiatern gilt die Regel: Eine Posttraumatische Belastungsstörung ist eine angemessene Reaktion einer normalen Person auf eine unnormale, krank machende Situation. Die andere Frage ist, wie diese zunächst angemessene Reaktion im Lauf der Zeit – und durch die richtige Behandlung – wieder zurückgehen kann, so dass der betroffene Mensch die Chance erhält, sein Leben wieder befreit und selbstbestimmt anzugehen. Schließlich gehören zu den verständlichen, »angemessenen« Reaktionen schreckliche Dinge wie wiederkehrende Alpträume, Ängste, Vermeiden von Erinnerungen an ganze Lebensabschnitte. Und eben auch das Nicht-verzeihen-Können. Typischerweise zeigt sich die seelische Störung erst Monate nach dem auslösenden Ereignis, oft wird sie in der Folge zu einer hartnäckigen Angsterkrankung.

Doch nicht nur aus akut lebensbedrohlichen Erlebnissen kann sich eine psychische Störung entwickeln. Manchmal reichen auch weniger dramatische Veränderungen des Lebens, solange sie für die Betroffenen einschneidend sind und einen bedeutsamen Bereich ihres Lebens betreffen. Um den Begriff der Belastung und des Traumas nicht über Gebühr zu strapazieren und damit auch Gefahr zu laufen, sie zu entwerten, sprechen Psychiater in solchen Fällen lieber schlicht von »Anpassungsstörungen«. Sie können sich entwickeln, wenn Menschen durch den Tod des Partners, durch einen Umzug oder die Konfrontation mit einer bedrohlichen Diagnose aus der Bahn geworfen werden. Oder aber, wenn etwas geschieht, was der Betroffene als besonders ungerecht empfindet. Etwa, wenn einem Arbeitnehmer, dem sein Beruf immer besonders wichtig war und der seinen Pflichten jahrelang akribisch nachgekommen ist, aus heiterem Himmel gekündigt wird. In der Krankheitsklassifikation der WHO wird bewusst nicht definiert, wie schwer das auslösende Ereignis sein muss, um die Diagnose zu stellen.

Der Psychiater und Psychotherapeut Michael Linden, der am Reha-Zentrum Seehof die Abteilung für Verhaltenstherapie und Psychosomatik und zugleich an der Berliner Charité die Forschungsgruppe Psychosomatische Rehabilitation leitet, hat für diese Formen der Anpassungsstörungen den Begriff »Posttraumatische Verbitterungsstörungen« geprägt. Verbitterung ist eine Emotion, die allen Menschen vertraut ist. Auf die Frage, ob er in den letzten zwei Jahren Erlebnisse gehabt habe, die Verbitterung auslösten, antwortet jeder Zweite in repräsentativen Befragungen mit Ja. Rein statistisch gesehen müsste also auch jeder zweite Leser dieses Buchs die Frage bejahen. Eine psychische Beeinträchtigung oder gar Störung liegt damit nicht automatisch vor. »Glücklicherweise bleibt ja nicht jeder zweite Mensch morgens im Bett und überlegt, ob er sich erschießen soll«, kommentiert Linden dieses Resultat bei unserem Gespräch in seinem Arbeitszimmer lakonisch. Genauso wie die Angst, die ebenfalls jeder kennt, die aber überhand nehmen kann, kann auch die Verbitterung eindeutig krankhaft werden, wenn sie zu intensiv ist und zu lange anhält. Man sieht das den Menschen nicht an. Aber man begreift es, wenn man mit ihnen über ihr Leben spricht. Wenn Verbitterung dazu führt, dass man nicht mehr isst, nicht mehr schläft, nicht mehr arbeiten oder nicht mehr in einem Supermarkt einkaufen kann, wenn sich Menschen im Extremfall deshalb sogar mit dem Gedanken tragen, sich das Leben zu nehmen, dann ist das Gefühl krankhaft geworden. »Bei uns in der Klinik werden Menschen behandelt, die für Monate, manchmal über Jahre hinweg arbeitsunfähig sind, die sich nicht an ihren

Arbeitsplatz zurücktrauen. Andere können ihrem Partner oder ihrer Partnerin nicht mehr unter die Augen treten, ohne die Contenance zu verlieren, oder sie können nicht an bestimmte Situationen oder Gegenstände denken, ohne sofort anzufangen zu weinen oder zu wüten«, berichtet Linden. »Jedes Mal, wenn sie an ihre Verletzungen erinnert werden, kommen die Begleitaffekte hoch. Manche Menschen laufen den ganzen Tag mit furchtbaren Rachegedanken herum.« Alle diese Menschen sind stark beeinträchtigt und suchen deshalb therapeutische Hilfe.

Es sind gerade die freundlichen, gutmütigen Menschen, die für Verbitterungsstörungen besonders anfällig sind. Wo wir besonders verwundbar sind, das hängt auch davon ab, was uns wichtig ist im Leben. »Die Prioritäten, die wir setzen, sind Teil unserer Persönlichkeit«, sagt Linden. Ein Mann, dem der Beruf alles bedeutet, nimmt möglicherweise die Scheidung, die von seiner Frau ausgeht, gelassen hin: Er ist vielleicht sogar überzeugt, schnell eine Andere, Jüngere zu finden, die besser zu seiner neuen Gehaltsklasse passt. Ein anderer, für den die Familie alles ist, das, wofür er lebt, wird hingegen durch die Trennung schwer getroffen. Er empfindet sie als Angriff auf die Fundamente seines Lebens. »Als kognitive Verhaltenstherapeuten meinen wir: Wenn man diese gedanklichen Grundannahmen des Individuums nicht versteht, kann man auch die Störung nicht verstehen.« Denn krank macht nicht das negative Lebensereignis an sich, sondern dass es wie ein Schlüssel in ein wichtiges Schloss der Persönlichkeit passt. Linden erklärt das seinen Patienten am liebsten zunächst an einem unverfänglichen Beispiel aus dem Sport: »Nehmen wir an, jemand will einen Speer werfen und wirft absolut miserabel, weil plötzlich ein Zuschauer ›buh‹ ruft. Ob das als schlimm empfunden wird, hängt von der Persönlichkeit des Werfers und den Umständen ab: Wenn ich ein Speerwerfer bin, der seit Jahrzehnten wegen seines Trainings auf alles andere verzichtet hat, und nun wegen der Störung bei einem entscheidenden Wettbewerb schlechter werfe, werde ich die Niederlage anders aufnehmen, als wenn ich mich bei einem Volksfest aus reinem Vergnügen am Speerwerfen versucht habe.« Nur wenn einem eine Sache wichtig ist, ist man verletzlich. Und das ist individuell sehr unterschiedlich. Dann gibt es also kein objektives Maß dafür, wann eine Kränkung »schlimm« ist? »Genau das hat uns die Forschung zu Lebensereignissen gezeigt«, sagt Linden. »Ob ein Ereignis als Stress erlebt wird, kann man nicht an der Anforderung ablesen. Es ist immer das Zusammenspiel aus einer Anforderung und den persönlichen Möglichkeiten, sich ihr zu stellen.« Wie diese subjektiven Voraussetzungen beschaffen sind, könne man im konkreten Fall allerdings durchaus objektiv feststellen. »Wenn wir für unser Gespräch noch ein bisschen mehr Zeit hätten, dann würde ich mir zutrauen herauszufinden, ob Ihnen der Beruf oder die Familie mehr bedeutet, in welchem Lebensbereich Sie also verletzlicher sind«, versichert mir Linden an dieser Stelle.

Doch gibt es nicht Verletzungen, Kränkungen und Vertrauensbrüche, die alle Bereiche durchdringen, frage ich mich. Und die praktisch jeden Menschen in die Verbitterung treiben würden? Beispielsweise die Entdeckung, jahrelang von einem vertrauten Menschen ausspioniert worden zu sein, der als Inoffizieller Mitarbeiter für die Staatssicherheit der DDR arbeitete? »Selbst solche Lebensereignisse führen nicht bei allen Menschen unbedingt zu Verbitterung«, sagt Linden. Helfen könne die Einsicht, dass andere Menschen diese systemimmanenten Erfahrungen teilen, vor allem aber die Fähigkeit, die »Logik« der Ereignisse und die Motive der Täter zu verstehen.

Was der Psychiater in seinem Arbeitszimmer der Reha-Klinik so ruhig und unerschütterlich auseinandersetzt, ist durchaus geeignet, Missverständnisse auszulösen. Den anderen zu verstehen – bedeutet das nicht auch, vieles zu verharmlosen und zu entschuldigen? Den Einwand kennt der Professor. Er findet es jedoch wichtig, verschiedene Ebenen auseinander zu halten. »Auf der gesellschaftlichen Ebene ist es die Aufgabe von Gerichten, darüber zu entscheiden, wann wer wofür ins Gefängnis kommt. Das hindert aber einen Psychologen nicht daran zu verstehen, wie es zum Mord gekommen ist. Was ich verstehe, muss ich schließlich nicht billigen. Es stimmt einfach nicht, dass man nur Dinge verurteilen kann, die man nicht versteht.« Niemand muss Angst haben, einem Raubmörder oder einem Sexualverbrecher gegenüber zu mitfühlend zu sein, nur weil er sich intensiv mit dessen Motiven auseinandergesetzt hat. Der Versuch, das Verhalten des Täters zu verstehen, kann dem »Opfer« jedoch dabei helfen, mit den Verletzungen fertigzuwerden. »Das ist unser Ansatz in der Therapie von Verbitterungsstörungen. Wir Therapeuten suchen nicht nach der korrekten Bewertung einer Tat, wir fragen unsere Patienten ganz bodenständig und simpel: Warum lässt dich das nicht schlafen? Wir wollen ihnen helfen, wieder besser zu leben.« Aber was genau hindert sie am Schlafen? »Sie machen das Licht aus und möchten einschlafen, dann kommen die Gedanken, die sich im Kreis drehen und die sie nicht verscheuchen können. Wir nennen es Intrusionen, eindringende Erinnerungen. Erinnerungen sind emotionsgeladen, Emotionen und Erinnerungen sind im Gehirn am selben Ort verankert. Unsere Patienten werden in jeder Stunde bis zu 50 Mal von solchen negativen Erinnerungen geplagt, und das über eine längere Zeit hinweg. Solche Erinnerungen kann man sich nicht verbieten. Je mehr man versucht, sie zu unterdrücken, desto schlimmer wird es. Dieses negative Feedback hat schlimme Konsequenzen.«

Keine therapeutische Richtung habe bisher ein »Mittel« gefunden, mit dem man die Verletzungen ungeschehen machen könne, gesteht Linden. Doch er ergänzt sofort: »In den letzten zehn Jahren sind wir ein gutes Stück vorangekommen und können zumindest ein bisschen helfen.« Wichtige Anstöße dafür gab die Forgiveness-Forschung in den USA, aus Deutschland wurde von Linden und seinen Kollegen die »Weisheitstherapie« als besondere Form der kognitiven Verhaltenstherapie beigesteuert. »Weisheitstherapie« – das klingt anspruchsvoll, und auch ein wenig so, als sollten Maximen der antiken Philosophie, etwa des römischen Stoikers Seneca, in die moderne Psychotherapie übersetzt werden. Grund genug, den Psychiater nach seiner Definition des Begriffs zu fragen. »Weisheit besitzt jeder Mensch, wir benutzen sie zur Lösung unlösbarer Probleme«, sagt Linden. Solche Probleme gebe es in jedem

Menschenleben. »Wir müssen schließlich mit Ungewissheiten leben und trotzdem Entscheidungen treffen: Keiner weiß zum Beispiel wirklich, ob das gut geht, wenn er oder sie heiratet. Unter diesen Bedingungen trotzdem eine Entscheidung zu fällen, ist Ausdruck von Weisheit.«

Eine Befragung von Laien hat im Jahr 2004 ergeben, dass die meisten Menschen fünf Faktoren für unverzichtbar halten, um einen Mitmenschen weise nennen zu können: Intelligenz, Durchblick, eine reflexive, lernbereite Einstellung, Sorge um andere und Fähigkeiten, die es einem ermöglichen, all das in schwierigen Situationen auch praktisch umzusetzen. »Weisheit und Egozentrismus lassen sich nicht vereinbaren«, sagt Linden. In allen psychologischen Konzepten der letzten Jahre werden die Fähigkeit zum Perspektivwechsel und die Fähigkeit zur Einfühlung in andere für notwendige Bestandteile von Weisheit gehalten. Weisheit, das sei »Wissen um ein gelingendes Leben unter den Bedingungen menschlicher Unvollkommenheit und Gebrechlichkeit«, fasst die Kulturwissenschaftlerin Aleida Assmann in einer schönen Formulierung zusammen.

Da liegt die Hoffnung nahe, dass dieses Wissen mit den Jahren und der Lebenserfahrung zunimmt. Leider kann Linden aus wissenschaftlicher Sicht nicht bestätigen, dass ältere Menschen weiser sind als junge. »Diese Annahme führte auch dazu, dass Weisheit ein wichtiges Thema der Berliner Altersstudie war, die in den 90er Jahren unter Leitung von Paul Baltes vom Max-Planck-Institut für Bildungsforschung unternommen wurde. Allerdings hat sich inzwischen gezeigt, dass die Fähigkeiten und das Urteilsvermögen, die für Weisheit wichtig sind, schon vor dem 25. Lebensjahr erworben werden. Und wir alle kennen ja genug alte Leute, denen man alle möglichen Eigenschaften zusprechen würde, nur nicht Weisheit.«

Glücklicherweise kann man Weisheit trainieren: Die Psychologen haben herausgefunden, dass sie kein unveränderliches Merkmal der individuellen Persönlichkeit ist, sondern eine Kompetenz, die durch passende Übungen vergrößert werden kann. Und hier hat sich gezeigt, dass ältere Menschen doch einen Vorsprung vor jüngeren haben. Damit sind wir bei den Inhalten, die auch in der »Weisheitstherapie« eine wesentliche Rolle spielen. Also bei dem Trainingsprogramm, um das sich in den Therapieräumen der Reha-Klinik Seehof so gut wie alles dreht. In der Psychotherapie werden die Fähigkeiten zur Empathie und zum Perspektivenwechsel zum Beispiel durch den Rollentausch trainiert: Der Therapeut nimmt die Rolle des Patienten ein, der sich seinerseits an die Stelle des »Täters« denkt. Mit der Tür ins Haus fallen darf der Psychotherapeut bei diesem Problembewältigungstraining jedoch keinesfalls. Zunächst muss er selbst verstehen, was vorgefallen ist und wie der Betroffene die Ereignisse bewertet. Weil dazu viel Empathie gehört, wächst oft bei den Patienten die Erwartung, der Therapeut werde sie auch unterstützen, wenn sie weiter um Wiedergutmachung kämpfen. Um sich ein Bild über die Chancen eines solchen Kampfes zu machen, müssen die Therapeuten manchmal akribisch recherchieren. Nicht um das Problem für den Patienten zu lösen, sondern um die Sachlage zu kennen. Meist ergibt sich bei einer solchen Recherche, dass alles längst entschieden ist: Ein Kampf um den Partner oder die Arbeitsstelle wäre aussichtslos und für die gequälte Seele wäre es am besten, einen Schlussstrich ziehen zu können. »Die Patienten sehen ja selbst, dass es ihnen schlecht geht, unsere Aufgabe ist es, ihnen professionell und nüchtern zu vermitteln, dass ihre Symptome Ausdruck einer psychischen Störung sind«, sagt Linden. Dazu gehört auch, dass die Betroffenen meist überhaupt keinen Abstand mehr haben zu den Erlebnissen, die sie so sehr verletzt haben.

In dieser Situation kann es helfen, zuerst einmal über die Lebensprobleme anderer Menschen nachzudenken. Lebensprobleme, zu denen man selbst einen größeren Abstand hat. So wird etwa ein Patient, der seinen Job verloren hat, mit der fiktiven Geschichte eines Mannes konfrontiert, der unschuldig im Gefängnis sitzt und derweil von seiner Frau betrogen wird. In ihn soll er sich hineinversetzen: Wie geht es diesem Mann, welche Gedanken und Gefühle haben seine Frau geleitet, wer könnte ihm umgekehrt dabei helfen, eine gute Lösung zu finden? Durch diesen »Umweg« über fremde Erfahrungen gelingt es oft leichter, die eigene Situation noch einmal anders zu bewerten. »Reframing«, neues Einrahmen, nennen das die Therapeuten. »Das hat nichts damit zu tun, dass man die Dinge schönreden würde«, sagt Linden. Manchmal stimme es aber einfach, dass das Schlimme auch gute Folgen habe. Wie bei einer seiner Patientinnen, deren Freund am Tag vor der geplanten Hochzeit mit der besten Freundin fremdging. Die Hochzeit ist damals geplatzt, die Freundschaft auch. Aber inzwischen sind auch Ex-Freund und Ex-Freundin längst kein Paar mehr. Wahrscheinlich, so könnte sich die betrogene Verlobte heute sagen, wäre es ihr selbst mit der geplanten Ehe nicht besser ergangen. »Haben Sie Ihrer Freundin eigentlich mal ein Kärtchen geschickt und sich bedankt, dass Sie Ihnen damals die Augen geöffnet hat?«, hat Linden diese Patientin gefragt.

Viele Elemente des Problembewältigungstrainings kann man im Alltag auch auf leichtere »Fälle« übertragen, in denen es Menschen schwerfällt, nach einer Kränkung wieder neuen Mut zu fassen, ohne dass sie gleich mit Arbeitsunfähigkeit oder Suizidgedanken zu kämpfen hätten und eine Therapie bräuchten. Ich frage den Psychiater deshalb nach Möglichkeiten, Elemente der »Weisheitstherapie« für den Alltagsgebrauch zu nutzen. Er findet, dass es hilfreich ist, über den Zusammenhang von Verzeihen und Vergessen nachzudenken. »Viele Menschen sagen ja nach einem Fehltritt ihres Partners: ›Ich vergebe dir, aber vergessen kann ich das nicht!‹ Damit tun sie nicht nur sich selbst nichts Gutes, sie setzen auch ihren Partner ganz aggressiv unter Druck.« Linden kann sich sichtbar erregen, wenn er daran denkt, wie ein Seitensprung lebenslang auf der Soll-Seite eines Ehekontos verbucht wird, als Aufforderung zu täglicher Reue. »Natürlich kann man sich nicht zum Vergessen zwingen, aber man kann daran arbeiten, sich nicht ständig zu erinnern.« Die negativen Emotionen zu vernichten, das macht für ihn Verzeihen aus. »Man muss die Dinge realistisch sehen, die man nicht verändern kann, man muss akzeptieren, dass das Leben vielschichtig ist«, sagt der Psychiater. Und er fügt hinzu: »Sonst gehen Freiheitsgrade verloren, und das definiert Krankheit.«

Resümee

Die negativen Gefühle, die die Verletzung auslöste, sind zunächst übermächtig: Wut, Trauer, Enttäuschung. Verstärkt wird das alles, wenn die Kränkung »aus heiterem Himmel« erfolgt, so wie Richard H. das Weggehen seiner Frau mit den Kindern empfand. Dann setzt meist das unaufhörliche Kreisen der Gedanken ein: »Warum hat meine Frau mir das angetan?« Intrusionen, eindringende Erinnerungen, nennen das die Psychiater. Je mehr ein Mensch über ein Vergehen nachgrübelt, je mehr er oder sie dazu neigt, die vergangenen Ereignisse wieder und wieder vor dem geistigen Auge Revue passieren zu lassen, desto weiter ist er vom Verzeihen entfernt. Er schafft es nicht, sich über das Geschehene hinwegzusetzen. Das beweisen Langzeitstudien, die der amerikanische Psychologe Michael Cullough durchgeführt hat.

Es zeigt sich aber auch deutlich in den Geschichten von Richard H. und Rainer S. Was beide besonders beutelt, ist das Gefühl der Machtlosigkeit gegenüber dem Geschehenen. Gerade für Menschen, die gewohnt sind, die Kontrolle zu behalten und Herr (oder Frau) der Lage zu bleiben, ist es bitter, wenn andere sie verlassen, verraten oder enttäuschen. Und besonders hart trifft es jeden von uns, wenn das auf einem Terrain geschieht, das uns besonders wichtig ist. Nur, wenn einem eine Sache viel bedeutet, ist man auch verletzlich, so wie Richard H., der seine Kinder über alles liebt. Noch dazu zieht eine solche Verletzung oft Enttäuschungen und Niederlagen in anderen Lebensbereichen nach sich – und das alles zusammen kann einen Menschen leicht aus der Bahn werfen. Die negativen Gefühle können so übermächtig werden, dass er fast jeden Handlungsspielraum verliert. »Verzeihen können« ist dann ein großer Vorsatz.

Wir werden noch darüber nachzudenken haben, ob dieses Ziel nicht angesichts mancher Taten auch an seine Grenzen stoßen kann.

Doch wenn negative Gefühle krank und handlungsunfähig machen, verlangt es der Selbsterhaltungstrieb, sich das zurückzuerobern, was Michael Linden »Freiheitsgrade« nennt: Abstand zum Geschehenen, Nüchternheit bei der Einschätzung der Wirklichkeit und einen offenen Blick in die Zukunft. Das muss nicht automatisch heißen: Sich mit den Menschen versöhnen, die einem tiefe Wunden zugefügt haben. Wer allerdings auf eine Entschuldigung hofft, wartet in manchen Fällen zu lange. Spätestens jetzt lohnt ein Blick auf die Ergebnisse, die die Verzeihensforschung heute dazu vorweisen kann.

Verzeihensforschung: Neuer Blick auf alte Probleme

»Wer seinen Nächsten verurteilt,
kann irren, wer ihm verzeiht, irrt nie.«
Karl Heinrich Waggerl

Verzeihen und Zusammenleben

»Menschen verletzen einander, das ist die Realität in einer unvollkommenen Welt«
Ein Gespräch mit dem Sozialpsychologen und Verzeihensforscher Dr. Christian Schwennen von der Ruhr-Universität Bochum über Seitensprünge, Konflikte am Arbeitsplatz und das soziale Leben der Stachelschweine

Man könnte sagen, dass es die Stachelschweine sind, die das Forscherleben von Christian Schwennen in seine heutige Bahn gelenkt haben. Durch sie hat er sein Thema gefunden. Und zwar ausgerechnet bei der Lektüre einer Fachzeitschrift namens *Personal Relations*. Dort berichtete sein US-Kollege Frank Fincham im Jahr 2000 über den »Kuss der Stachelschweine«. Weder Fincham noch Schwennen sind Zoologen, und streng genommen diente das Zusammenleben der stacheligen Tiere dem Psychologieprofessor aus Florida in seinem Artikel auch nur als Metapher. Doch was heißt »nur«? Der junge Sozialpsychologe Christian Schwennen erzählt noch heute ganz beeindruckt von dem Bild, das in dem Zeitschriftenbeitrag entworfen wurde: »In der eiskalten Nacht rücken die Tiere aneinander und können nicht anders, als sich mit ihren Stacheln zu piek-sen. Dann rücken sie auseinander, weil sie verletzt sind. Doch sie müssen wieder zusammenkommen, um die Nacht überleben zu können. Sie müssen sich immer wieder verzeihen, weil sie die Wärme brauchen.«

Da ist er, der Begriff, der von nun an die wissenschaftliche Karriere des Psychologen bestimmte. »Es zeigte sich, dass das

Thema ›Verzeihen‹ in der Sozialpsychologie noch wenig beforscht war, obwohl es doch für unser Zusammenleben immens wichtig ist. Auch Menschen verletzen einander, das ist die Realität in einer unvollkommenen Welt.« Kein Zweifel: Schwennen, der heute am Lehrstuhl für Arbeits- und Organisationspsychologie der Ruhr-Universität Bochum arbeitet, hatte damit seinen Forschungsschwerpunkt gefunden.

Das englische Verb »to forgive«, das er bei Fincham fand, übersetzte er dabei bewusst mit verzeihen, nicht mit vergeben. Zunächst deshalb, weil das Verb vergeben im Deutschen mehrere Bedeutungen hat: Nicht nur Fehler, sondern auch Arbeitsplätze, Noten oder Elfmeter können vergeben werden. »Dazu kommt als zweiter Grund, dass der Begriff des Vergebens schon von den Theologen besetzt ist.« Verzeihen also. Zunächst innerhalb der engsten zwischenmenschlichen Beziehungen. »Wir Psychologen versuchen ja, Ratschläge dafür zu geben, wie man Partnerschaften gestalten sollte. Das Verzeihen ist dabei ein wichtiger Aspekt, der bisher aber in unserer Wissenschaft vergessen wurde.«

Die Stachelschweine behielt Schwennen dabei immer im Kopf: »Je enger eine Beziehung wird, desto mehr öffnet man sich seinem Partner. Das ist für die Partnerschaft ganz wesentlich, und es ist außerdem auch sehr schön. Aber es bringt das Problem mit sich, dass man sich angreifbar macht, dass man seine Schwächen aufdeckt.« Dass die engsten Angehörigen zugleich die Quelle der erfreulichsten und der belastendsten Ereignisse sind, nennt Schwennen ein »zwischenmenschliches Paradox«. Tatsächlich hat eine Befragung von 3000 repräsentativ ausgewählten Briten gezeigt, dass der Auslöser der negativsten Gefühle, die der vorherige Tag ihnen gebracht hatte, fast immer ein Familienmitglied war.

Liebende sind besonders verletzlich, weil sie sich vollkommen öffnen und ihre innersten Wünsche und Geheimnisse preisgeben. Der eine Partner kann den anderen an schwachen Punkten treffen. Er könnte ausplaudern, was er weiß, und den anderen bloßstellen. Er könnte die gewünschte und meist ausdrücklich versprochene Exklusivität der Beziehung durch eine Form des »Fremdgehens« in Frage stellen. Viele Dinge können in intimen Partnerschaften zu Verletzungen führen. Seitensprünge und Situationen, die zu starker Eifersucht führen, werden in Schwennens Befragungen von den Teilnehmern meist als Ursache besonders schwerwiegender Verletzungen genannt.

Als Verzeihensforscher interessiert sich Schwennen dafür, was nach der Verletzung geschieht. Nicht so sehr für die harmloseren Verletzungen, über die man hinwegsehen kann, oder für die ganz schweren, die dazu führen, dass ein Paar sich trennt. »Es gibt aber auch die Möglichkeit, dass ich sehr verletzt bin, meinem Partner aber irgendwann am Ende eines Prozesses verzeihen kann, so dass wir unsere Beziehung fortführen und dort weitermachen können, wo wir vor der Verletzung aufgehört haben.«

In Paartherapien rückt das Thema Verzeihen immer mehr in den Vordergrund. Als sozialpsychologischer Forscher will Schwennen außerdem herausfinden, welche Rolle die Persönlichkeit eines Menschen spielt, wenn es darum geht, wie leicht oder wie schwer er oder sie sich mit dem Verzeihen tut. Persönlichkeitsmerkmale sind etwas relativ Stabiles, man kann sie nicht schnell und einfach verändern. Gibt es also Personen, die eher zum Verzeihen neigen, und welche Merkmale weisen sie auf? In dieser Hinsicht konnte wissenschaftlich belegt werden, was auch der Laie spontan vermuten würde: »Wir konnten zeigen, dass selbstsichere, gefestigte Menschen relativ leicht verzeihen, während sich emotional instabile Personen damit eher schwer tun«, berichtet Schwennen. Auch wer besonders gewissenhaft und besonders extrovertiert, also seinen Mitmenschen gegenüber offen und aufgeschlossen ist, verzeiht schneller.

Inzwischen erforscht Schwennen auch das Verzeihen in der Arbeitswelt. Denn hier verbringen wir den größten Teil unseres Alltags, und daher kommt es immer wieder zu Fehlverhalten, Unachtsamkeit, Verletzungen und Konflikten. »Es ist deshalb nur allzu logisch, wenn das Verzeihen auch am Arbeitsplatz eine wichtige Rolle spielt.« Schwennen will darüber hinaus wissen, was der Akt des Verzeihens dem Einzelnen persönlich bringt. In einigen Studien, deren Ergebnisse bisher noch nicht veröffentlicht sind, hat er jetzt positive Effekte auf das Arbeitsleben und auf das Team gefunden. Zahlen kann er noch keine nennen, doch in groben Zügen zeichnet sich folgendes Bild ab: »Wir können zunächst einmal zeigen, dass sich Kollegen gegenüber einem Mitarbeiter, der grundsätzlich zum Verzeihen bereit ist, hilfsbereiter erweisen, dass das Verzeihen-Können zweitens die Arbeitszufriedenheit erhöht und drittens die Qualität der Kommunikation innerhalb eines Teams verbessert.«

Schließlich sind die Arbeits- und Organisationspsychologen noch einen Schritt weiter gegangen und haben untersucht, ob sich das Ganze auf die Ergebnisse der Arbeit positiv auswirkt. »Auch das kann man nachweisen«, versichert Schwennen. Es erstaunt ihn nicht weiter: »Personen, die leichter verzeihen können, haben in größerem Ausmaß die Fähigkeit, die Perspektive zu wechseln und sich in andere hineinzuversetzen. Und genau diese Fähigkeit ist besonders wichtig, wenn es um innovatives Verhalten geht.« Die Forscher konnten belegen, dass Mitarbeiter, die sich mit dem Verzeihen leichttaten, auch besonders viele neue Ideen in den Arbeitsprozess eingebracht haben. Arbeitgeber wären also gut beraten, schon bei der Einstellung neuer Mitarbeiter auf Persönlichkeitsmerkmale zu achten, die dafür sprechen, dass der oder die Neue eine positive Einstellung zum Verzeihen mitbringt. »Ich denke, dass ohnehin darauf geachtet wird, denn es ist bekannt, wie wichtig das Persönlichkeitsmerkmal Verträglichkeit für die Teamarbeit ist.« Dass Gewissenhaftigkeit und emotionale Stabilität Voraussetzungen für kontinuierliches Arbeiten sind, sei ohnehin allen Chefs klar. Bei Bewerbungen wird heute schon besonders auf solche Charakteristika geachtet. »Doch man sollte sich auch verstärkt dafür interessieren, wie man diese Eigenschaften im Betrieb fördern kann«, sagt der Sozialpsychologe. Demnächst möchte er in weiteren Untersuchungen seiner Vermutung nachgehen, dass ein positives Arbeitsklima und ein offener Umgang mit Fehlern die Bereitschaft der Mitarbeiter zum gegenseitigen Verzeihen verbessern könnten.

Muss erst eine Schuld vorliegen, damit es Grund zum Verzeihen gibt? Das ist für den Psychologen ein problematischer Begriff. »Wir wissen aus Paartherapien und auch von Konflikten am Arbeitsplatz, dass beide Seiten dieselbe Situation ganz unterschiedlich wahrnehmen können. Schuld ist aus psychologischer Sicht daher eine höchst subjektive Sache.« Schwennen möchte allenfalls von vermeintlicher Schuld, noch lieber jedoch von Verantwortung sprechen. »Um von Verzeihen zu sprechen, muss ich im Vorfeld einer Person für ein bestimmtes Ereignis die Verantwortung zuschreiben. Erst dann kann es im nächsten Schritt weitergehen.« Möglicherweise hat die andere Person diese Verantwortung schon selbst übernommen: Sie hat sich entschuldigt. »Verschiedene Untersuchungen zeigen, dass eine Bitte um Entschuldigung des vermeintlich Schuldigen das Verzeihen enorm erleichtert.«

Schwennen sieht das Verzeihen als einen Ausdruck menschlicher Großzügigkeit. Selbstlos oder rein altruistisch ist es deshalb nicht. »Es ist eine großzügige Handlung, von der beide Seiten profitieren.« Die Gefahr, dass Menschen »zu sehr verzeihen«, sieht Schwennen kaum. »Verzeihen hat für den, der es fertigbringt, schließlich viele Vorteile. Umgekehrt leidet das Wohlbefinden, wenn man aus dem Grübeln über ein Unrecht nicht mehr herauskommt. Wenn ich mich aus diesem Teufelskreis befreie, kann das nur gut sein.«

Aber gilt das auch, wenn schwerwiegende Dinge immer wieder passieren? »Verzeihen beinhaltet nicht, eine Handlung zu billigen oder keine Konsequenzen zu ziehen«, betont Schwennen. »Es heißt nicht, dass eine Frau mit einem Mann verheiratet bleibt, der sie schlägt. Es heißt auch nicht, dass der Mann nicht wegen Körperverletzung angezeigt wird.« Einen Zusammenhang zwischen Blindheit, Dummheit und Verzeihen kann der Psychologe deshalb nicht erkennen. Verzeihen läuft nicht automatisch auf eine Versöhnung hinaus. Oder darauf, immer wieder auf denselben Menschen und seine Tricks hereinzufallen.

Es gibt also Fälle, in denen Menschen verzeihen, ohne sich wie Stachelschweine zu verhalten und sofort die Nähe des Anderen zu suchen. Fälle, in denen eine größere Distanz zu den

Mitmenschen aufgebaut wird, die Auslöser für Verletzungen sind, und die fehlende, wärmende Nähe bei anderen Menschen gesucht wird.

Schwennens Definition des Verzeihens sieht so aus, dass sie nur für denkende und fühlende Lebewesen Gültigkeit hat: »Verzeihen ist eine Antwortreaktion auf die Wahrnehmung einer Verfehlung.« Und woran merke ich, dass es mit dem Verzeihen geklappt hat? »Verziehen habe ich, wenn ich beim Nachdenken über die Tat keine negativen Gefühle mehr entwickle. Die Haltung gegenüber dem Verursacher des Schadens verändert sich, das Verhalten ihm gegenüber kann in Zukunft wohlwollender sein.« Vergessen muss ich das fragliche Ereignis deshalb nicht.

Die Arbeit des Verzeihens

»Vor Wut müsste ein Beipackzettel warnen«
Die Forgiveness-Forschung des US-Psychologen Robert Enright

Einer der Vorreiter der Verzeihensforschung ist der Erziehungspsychologe Robert Enright von der Universität im amerikanischen Wisconsin-Madison. Seit er über Vergebung (»forgiveness«) forsche, habe er selbst reichlich Grund, sich in der Kunst des Vergebens zu üben, betont Enright. Damit hat er schon Mitte der 80er Jahre begonnen und wurde in der Fachwelt immer wieder kritisch beäugt. »Viele meiner Kollegen in den Sozialwissenschaften dachten ganz ehrlich, dass ich den Verstand verloren hätte, weil ich mich einem so ›weichen‹ und ›unangemessenen‹ Thema wie Vergebung widmete.« Er solle das doch lieber den Kirchenleuten überlassen, riet man dem Wissenschaftler. Enright hat sich über Einschätzungen dieser Art sehr geärgert und weitere Untersuchungen darüber angestellt, was Verzeihen bringt und in welchen typischen Etappen es vonstatten geht.

Ein »Softie« ist Enright dabei keineswegs. Eher ein Mann

der nüchternen Analyse. »Der erste Schritt im Vergebungsprozess ist die Einsicht, dass man wütend ist, und erstaunlicherweise ist dieser Schritt für die meisten Menschen der schwerste.« Wahrscheinlich kennt jeder Frauen und Männer, die noch Jahrzehnte nach der Scheidung in die Luft gehen könnten, wenn die Sprache auf ihren ehemaligen Partner kommt, oder Senioren, die die Enttäuschung über ihre Eltern bis ins hohe Alter mit sich herumtragen. Als Enright begann, sich für das Thema zu interessieren, war er vor allem verblüfft darüber, wie normal es in der heutigen amerikanischen Gesellschaft ist – und für wie »gesund« es erachtet wird –, seine Wut zu zeigen. »In der US-amerikanischen Gesellschaft können die Bürger ein gehöriges Quantum an Wut zum Ausdruck bringen. Es ist gesellschaftlich akzeptiert, dass die Menschen einander nicht vergeben. In Talkshows drängen sich Teilnehmer, deren Wut pathologische Grenzen erreicht hat und mit denen man umgeht, als ob ein solches Ausmaß an Wut völlig normal und akzeptabel sei.«

Menschen, die bereit sind, sich im Nachmittagsfernsehen in Rage zu reden und dabei in ihrem Gefühlsüberschwang Intimstes aus dem Familien- und Sexualleben preiszugeben, werden auch hierzulande als telegen und unterhaltsam hofiert. Möglicherweise tun diese Protagonisten dem Publikum sogar etwas Gutes, indem sie negative Emotionen quasi stellvertretend ausleben. Für die eigene psychische Gesundheit ist es jedoch alles andere als gut. »Wut ist wie Alkohol«, sagt Psychologe Enright, »eine kleine Menge kann wohltuend sein, aber zuviel davon wird zum Problem und kann sogar abhängig machen.« Er verweist auf Studien, die die negativen Folgen anhaltender Wut für die körperliche Gesundheit belegen. So kann Wut bei Menschen, die unter hohem Blutdruck neigen, zu echten Blutdruckkrisen führen. Umgekehrt kann es sich lohnen, etwas dagegen zu unternehmen: Enright und seine Arbeitsgruppe konnten in wissenschaftlichen Studien zeigen, dass es heilend wirkt, das Verzeihen zu lernen. Sie haben dafür Versuchspersonen ausgewählt, die in anhaltender Wut auf einen anderen Menschen lebten, und sie in zwei Gruppen geteilt. In einer Studie waren das Frauen zwischen 24 und 54 Jahren, die die Erfahrung des sexuellen Missbrauchs gemacht hatten. In einer anderen ging es um Männer, die sich von ihren Partnerinnen nachhaltig verletzt fühlten, weil sie den Schwangerschaftsabbruch ganz für sich allein entschieden hatten. Für die Studie wurde jeweils eine Gruppe zur Vergebung motiviert und in einem speziellen Programm unterwiesen, das den Prozess des Vergebens fördert. Tatsächlich stabilisierte sich die psychische Gesundheit der Probanden, die dieses Programm in Ruhe durchlaufen hatten. Später zeigte sich der Erfolg übrigens auch bei der Kontrollgruppe, die dieses Programm im zweiten Teil der Studie mitmachen durfte.

Die Teilnehmerinnen der Frauengruppe arbeiteten bis zu über einem Jahr daran, den Männern, die sie missbraucht hatten, vergeben zu können. Ein anstrengender Prozess, den keine von ihnen zuvor für möglich – oder auch nur für wünschenswert – gehalten hatte. Er wurde nicht nur durch wöchentliche Einzelsitzungen bei einem Psychologen, sondern auch durch ein detailliertes Handbuch unterstützt, das die Teilnehmerinnen zu Hause bearbeiten konnten. Enright legt Wert darauf, anhand konkreter Fakten zu zeigen, dass die Frauen von der Arbeit an der Vergebung profitiert haben. »Vor dieser therapeutischen Maßnahme hatten sie unter mehr oder weniger starken Depressionen gelitten. Nach der Vergebungstherapie waren sie so gut wie frei von Depressionen. Ihre Ängste waren zurückgegangen, und sie blickten mit einem größeren Optimismus in die Zukunft.« Eine Frau, deren Vater kurz nach der Therapie starb, sei besonders glücklich darüber gewesen, ihm zuvor noch verziehen und ihn am Krankenbett besucht zu haben. Glücklich für sich selbst, versteht sich. »Unseres Wissens hat kein anderes Programm für Personen, die sexuell missbraucht worden sind, so positive Ergebnisse erbracht«, berichtet der Psychologe.

Worin besteht das Programm nun genau? Enright hat zusammen mit seiner Arbeitsgruppe aufgrund langjähriger Erfahrung mit Einzeltherapien und wissenschaftlichen Studien ein Vier-Phasen-Modell der »forgiveness« entwickelt, das er den Lesern seines Buches *Vergebung als Chance* als vorläufiges Ergebnis seiner bisherigen Erkenntnisse ans Herz legt. Vergebung sieht er dabei als »einen Prozess der Bewältigung bestimmter Arten von Wut und Bitterkeit«. Und er betont, dass nicht alle Menschen diesen Prozess auf die gleiche Art und Weise und im selben Rhythmus durchlaufen.

In einer ersten Phase geht es darum, sich über die Art der eigenen Wut und den bisherigen Umgang mit ihr klar zu werden. Das ist mit großer Wahrscheinlichkeit recht schmerzhaft – aber unvermeidlich. Enright rät deshalb: »Begeben Sie sich bitte nicht allein auf die Vergebungsreise.« Vielmehr solle man einen aufmerksamen Gesprächspartner suchen, einen Freund vielleicht, mit dem man die Gedanken und Gefühle teilen kann, die nun wach werden. Und der aus einem gewissen Abstand heraus eine eigene Einschätzung der Situation beitragen kann. Er kann zum Beispiel besser beurteilen, welchen Anteil der oder die Gekränkte oder Verletzte selbst an den Ereignissen trägt, die ihn oder sie so wütend gemacht haben.

In der zweiten Phase folgt der tatsächliche Entschluss, dem anderen zu vergeben.

In der dritten Phase des Prozesses steht die eigentliche Vergebungsarbeit im Vordergrund. Enrights Darstellung dieser Phase endet mit der überraschenden Aufforderung: »Machen Sie dem Täter ein Geschenk!« Er denkt dabei zum Beispiel an eine Glückwunschkarte, einen Krankenbesuch oder auch eine Einladung ins eigene Zuhause. »Manchmal ist die Person, die einen verletzt hat, bereits tot. Dann kann man Blumen auf ihr Grab stellen oder einfach gut über sie sprechen.«

In der abschließenden vierten Phase kann es dann gelingen, sich aus dem »Gefängnis der Emotionen« zu befreien. Der Amerikaner Enright scheut hier ein gewisses Pathos nicht, wenn er sagt: »Unversöhnlichkeit, Bitterkeit, Ressentiments und Wut sind mit den vier Mauern einer Gefängniszelle vergleichbar. Und Vergebung ist dann der Schlüssel, mit dem Sie die Gefängnistür öffnen, so dass Sie aus dieser Zelle heraustreten können.« Wenn alles gut geht, ist dann die Befreiung zu erkennen und zu genießen. Doch kann auch hier, wie nach jedem Gefängnis-Aufenthalt, eine Phase der Resozialisierung nötig sein, in der sich der Befreite »neue Denk- und Lebensmuster« antrainieren muss.

Um überhaupt wieder eine Lebensperspektive vor sich zu sehen, haben sich die meisten der Menschen, die Enright in seinem Buch vorstellt, für den Weg der Vergebung entschieden: Sie wollten vergeben, um ihre Wutgefühle endlich loszuwerden. Sozusagen aus egoistischen Motiven: Weil Nachtragen belastet.

Verzeihen ist allerdings kein »Instant«-Vorgang. Das hat die Londoner Philosophin Joanna North, mit der Enright zusammenarbeitet, in einem Beitrag für die Fachzeitschrift *Philosophy* schon im Jahr 1987 in eindrücklichen Worten festgehalten. Wenn der Ärger »nach ein paar ruhigen Nächten oder unter dem Einfluss eines Beruhigungsmittels« aufhöre, sei das vielleicht gut für die eigene Gesundheit und für die sozialen Beziehungen. Es werde aber zu Unrecht schon für Verzeihen gehalten. »Dieser Gedanke erklärt, wie der Eindruck entstehen kann, dass das vermeintlich ›sofortige‹ Verzeihen in Wirklichkeit moralischer Schwäche oder sogar einem Charakterfehler entspringt, der den Verletzten unfähig machen könnte, das Unrecht überhaupt zu erkennen, das ihm angetan wurde, oder der ihn zu heftig wünschen lässt, das Schlechte möge ihn nicht zu tief verletzen.«

Echtes Verzeihen setzt nach Auffassung von Enright und North dagegen voraus, das Unrecht, das einem angetan wurde, zunächst einmal zu empfinden und zu erleiden. Wie stark das Leiden sein kann, das war in den Erzählungen von Richard H. und Rainer S. deutlich zu erkennen.

Im Dschungel der Begriffe

»Vergebung ist ein Widerspruch in sich, und doch funktioniert sie«, sagt der Psychologe Robert Enright. Im Original sagt er das natürlich auf Englisch, er spricht von »forgiveness«. Soll man das im Deutschen nun mit Vergeben wiedergeben, wie es der Übersetzer des Buchs getan hat, oder mit Verzeihen? Im Englischen gibt es nur das eine Wort, das der Psychologe Christian Schwennen, wie wir gesehen haben, lieber mit Verzeihen übersetzen möchte. Grundsätzlich möchte ich mich auf den folgenden Seiten an Schwennens einleuchtenden Vorschlag halten. Da andere deutsche Forscher den englischen Ausdruck jedoch für sich mit Vergeben übersetzen, kann das nicht ganz konsequent geschehen.

Ein Blick auf die Wortgeschichte: Vergeben hatte wohl zunächst die Bedeutung »austeilen, verschenken«, also: geben, ohne eigentlich geben zu müssen. Später wurde es auch in der Bedeutung »jemandem eine Schuld vergeben« gebraucht. Das gehe von der Vorstellung aus, »dass man jemandem etwas schenkt, das man von ihm zu beanspruchen hat«, erklärt das *Herkunftswörterbuch* des Duden. Vergeben betont also den Aspekt der Freiwilligkeit, der Großmut des »Opfers«. Das »Opfer« einer Tat fordert die Wiedergutmachung nicht ein, die ihm eigentlich zustünde. Diese Vergebung der Sünden steht allein Gott zu, wie es in der Vaterunser-Bitte »Und vergib uns unsere Schuld« zum Ausdruck kommt. Vergebens und vergeblich sind nahe sprachliche Verwandte dieses Begriffes: Auch hier hat man etwas verschenkt, nämlich die eigenen Kräfte – »vergebliche Liebesmüh«.

Was das Verzeihen betrifft, so war zuerst das »Zeihen« da. Es bedeutete im Mittelhochdeutschen so viel wie anzeigen, anklagen, anschuldigen. Heute klingt es etwas altmodisch, jemanden einer Tat zu zeihen. »Ver-zeihen« bedeutet dann umgekehrt, diese Anzeige nicht zu erheben oder zurückzuziehen. Also auf sie zu verzichten – auch dieses Verb gehört nämlich zur Wortfamilie.

Der Bochumer Psychologe und Verzeihensforscher Christian Schwennen definiert das Verzeihen ganz umfassend wissenschaftlich: »In einer integrativen Definition wird Verzeihen als ein inter- und intrapersoneller Prozess beschrieben, der sich in einer prosozialen Veränderung der Gefühle, der Gedanken und dem Verhalten gegenüber einem Schadensverursacher äußert. Es ist eine Antwortreaktion auf eine Verletzung, die intentional, bedingungslos und nicht notwendig ist sowie nur in der subjektiven Gewissheit über die Verantwortlichkeit des Täters geschieht.« Etwas alltäglicher ausgedrückt: Verzeihen ist etwas, das in mir selbst geschieht, das aber auch meine Beziehung zu dem Menschen verändert, der mich persönlich verletzt hat. Es ist also intra- und interpersonell. Von Verzeihen kann man außerdem nur sprechen, wenn es eine Intention zum Verzeihen gibt, wenn ich es freiwillig tun möchte und keine Bedingungen daran knüpfe. Wichtig ist für Schwennen weiter, dass der Satz »Ich verzeihe dir« keine vollzogene Handlung beinhaltet, sondern einen Prozess, der seine Zeit braucht. Ich gebe damit allerdings bekannt, dass ich selbst ihn eingeleitet habe.

Ebenso wichtig ist, was Verzeihen alles nicht ist: Zum Beispiel ist Verzeihen nicht gleich Vergessen. »Vergessen wir's«, das sagt sich zwar leicht, wenn man die Entschuldigung eines anderen Menschen annimmt. Bedeutungsvolle Ereignisse, die mit Verletzungen einhergingen, sind jedoch nicht so leicht zu vergessen. Wer das verspricht, nimmt den Mund zu voll. Schließlich bedeutet Vergessen laut Duden so viel wie »aus dem geistigen Besitz verlieren«. Es ist die Verneinung des indogermanischen Verbs mit der Wurzel »ghet«, erreichen, besitzen, die wir heute noch im englischen »to get« erkennen. Zu versprechen ist allenfalls, sich – und den anderen! – nicht immer wieder absichtlich an das in Frage stehende Vergehen zu erinnern. Und es ist vom Prozess des Verzeihens zu erhoffen, dass in Zukunft anders, mit weniger negativen Gefühlen, an die Ereignisse gedacht wird.

Verzeihen ist auch nicht dasselbe wie Versöhnen. Denn zum Versöhnen gehören immer zwei, die ihre Beziehung auf eine neue Vertrauensbasis stellen, sich also aussöhnen wollen. Beide Verben hängen eng mit Sühne zusammen. Im Mittelhochdeutschen bedeutete »suene« so viel wie Versöhnung, Schlichtung, Friede. Später wurde die Sühne als Bußleistung und Wiedergutmachung auch zum Begriff der Rechtssprache. Spannend ist aber, dass laut Herkunftswörterbuch auch eine Verwandtschaft zu Verben wie dem alten norwegischen »svaana« besteht, das »stillen« und »zum Einschlafen bringen« bedeutet. Beides, das Versöhnen und das Stillen, sei möglicherweise durch die Grundbedeutung »beschwichtigen, beruhigen« verbunden, ist dort zu lesen.

Schwennen betont, dass auch das Hinnehmen einer Verletzung und die Nachsicht vom Verzeihen zu unterscheiden sind: »Wenn man eine Verletzung hinnimmt, findet man sich mit dem Ereignis ab, ohne dass dies jedoch eine Auswirkung auf das Leiden durch die Verletzung besitzt.« Mit anderen Worten: Man resigniert vielleicht, weil man glaubt, doch nichts ändern zu können, aber man macht sich nicht frei von der Kränkung.

Wer nachsichtig ist, nimmt dagegen eher eine überlegene Position ein und geht davon aus, dass der »Täter« für seine Tat gar nichts kann. Typischerweise sind Erwachsene oft nachsichtig mit Kindern. Oder Angehörige und Pflegekräfte mit einer Person, die durch eine psychische Krankheit verändert ist. Es gibt aber auch Frauen, die diese Art von Nachsicht gegenüber fremdgehenden Partnern walten lassen, mit dem Argument, der Mann an sich sei nun einmal ein triebgesteuertes Wesen. Diese Möglichkeit, mit einer Kränkung fertig zu werden, ist jedoch nicht ganz deckungsgleich mit Verzeihen.

Die nachsichtige Haltung gehört auch zur Begnadigung. Die allerdings ist Institutionen vorbehalten, die von Rechts wegen Bestrafung fordern können. Ihr Verzeihen ist demnach Verzicht auf das Ausüben einer hoheitlichen Funktion.

Der Verzicht auf Rache wiederum ist eine humane Leistung des gekränkten, verletzten Individuums. Er ist noch nicht gleichzusetzen mit dem Verzeihen, aber wohl seine notwendige Vorbedingung. Weniger zu steuern und eher Ergebnis eines Prozesses, der meist seine Zeit braucht, ist das Vergehen der Wut. Dabei hilft vor allem das Verstehen. Wie dieses alte deutsche Wort entstanden ist, ist ungeklärt. Eine schöne Deutung wäre, dass mitmenschliches Verstehen besser gelingt, sobald man sich versuchsweise auf den Platz eines anderen stellt. Jemand versetzt sich in die Lage des anderen, er steht, wo der andere steht, versucht sozusagen »in seinen Mokassins zu laufen«: Aus psychologischer Sicht sind Verstehen und Verzeihen ohne Empathie nicht möglich.

Entschuldigen ist ein großes Wort, wenn man es wörtlich nimmt: jemanden von einer Schuld freisprechen. Wer um Entschuldigung bittet, muss sich selbst verantwortlich für eine Tat fühlen und ein Unrechtsbewusstsein haben. Das muss nicht immer moralisch oder juristisch bedeutsam sein. Im Alltag geht es dabei oft um kleine Vergehen wie ein Anrempeln oder eine Verspätung. Es wäre unhöflich, sich dafür nicht zu entschuldigen (genauer natürlich: um Entschuldigung zu bitten). Weil Französisch lange Zeit die Sprache des Hofes und der Höflichkeit war, wurde und wird stattdessen auch gern »pardon« gesagt. »Pardonner« geht auf das (im klassischen Latein noch nicht übliche, heute auch im Italienischen gebräuchliche) »perdonare« zurück. »Donare« heißt nicht nur schenken, sondern auch befreien, freisprechen, das »per« ist eine Verstärkung. Wer sein Pardon gibt, spricht den anderen also von einer Schuld frei. Statt Entschuldigung oder Pardon kann man, den sprachlichen Gepflogenheiten folgend, auch Verzeihung sagen, obwohl beides keineswegs gleichwertig ist.

Ob eine Bitte um Entschuldigung die notwendige Voraussetzung dafür ist, dass verziehen werden kann, darüber streiten sich nicht nur die Verzeihens-Forscher, von denen in diesem Buch einige vorgestellt werden. Auch meine Gesprächspartner, die durch einen Mitmenschen eine schwere Verletzung (also das Gegenteil vom mittelhochdeutschen »letzen«, laben und erquicken) erfahren haben, sind sich nicht einig, ob es die Entschuldigung ist, die ihnen beim Verzeihen hilft. Ebenso uneinheitlich urteilt ihr Sprachgefühl bei der eingangs gestellten Frage, ob Verzeihen eigentlich etwas anderes beinhaltet als Vergeben. Beides wird, wie gesagt, im Englischen unter »to forgive« zusammengefasst.

Interessant wiederum ist, dass kein Geringerer als Johann

Wolfgang von Goethe einen Unterschied zwischen den Begriffen macht. In seinen *Zahmen Xenien* (Teil V) zitiert er einen fiktiven Gesprächspartner, der ihm nach einer Kränkung rät: »Brich doch mit diesem Lump sogleich, / Er machte dir einen Schelmenstreich; / Wie kannst du mit ihm leben?« Die gelassene Antwort des weit milder gestimmten Dichters: »Ich mochte mich weiter nicht bemühn; / Ich hab' ihm verziehn, / Aber nicht vergeben.« Die Unterscheidung, die der Dichter macht, ist verblüffend. Es klingt so, als sei Vergeben weit mehr als Verzeihen. Das wiederum scheint für Goethe die leichtere Übung zu sein: »Ich mochte mich weiter nicht bemühn.« Als wolle er endlich seine Ruhe haben und die Angelegenheit begraben. Verzeihen wirkt hier wie eine ausgesprochen pragmatische Lösung.

In eine ähnlich alltagspraktische Richtung tendiert die Redensart »Schwamm drüber!«. Die wurde übrigens durch die Operette *Der Bettelstudent* von 1881 populär, wo der Oberst Ollendorf singt: »Nur manchmal, wenn die Feigen / Mir ihre Zähne zeigen / Dann krieg' ich Nasenstüber, / Schwamm drüber!« Der Komiker Otto Waalkes parodierte dann wiederum in seinem »Schwammdrüber Blues«: »Steht was Falsches auf der Tafel, geh mit dem Schwamm drüber!«

Resümee

Verzeihen sei eine »Antwortreaktion auf die Wahrnehmung einer Verfehlung«, haben wir von Christian Schwennen gelernt. Diese »Antwortreaktion« beinhaltet nicht, die betreffende Handlung nachträglich zu billigen. Man kann das, was der andere getan oder gesagt hat, weiter unangemessen, ungerecht, kränkend und beleidigend finden und trotzdem verzeihen, also die negativen Gefühle dem »Täter« gegenüber überwinden. Vor allem nach einer gravierenden Verfehlung kann das aber nicht sofort gelingen. Robert Enright beschreibt vier Etappen, die meist durchlaufen werden. Und zeigt, dass das seine Zeit braucht. Zuerst kommt die Wut, ein »normales«, zu erwartendes Gefühl. Doch Wut ist wie Alkohol, sagt Enright. Sie kann gut schmecken, sie wirkt manchmal auch berauschend, aber sie bekommt einem nur in vernünftigen Mengen. Irgendwann beginnt sie, Körper und Seele zu schaden. Dann könnte der Moment erreicht sein, in dem man beschließt, es gut sein zu lassen. Das kann allerdings harte Arbeit bedeuten, die »Arbeit des Vergebens«, wie Enright sich ausdrückt. Als Belohnung dafür steht in Aussicht, dass es einem anschließend viel besser geht. Nicht erstaunlich und inzwischen wissenschaftlich gesichert ist, dass Menschen, die durch die beiden Persönlichkeitsmerkmale Verträglichkeit und emotionale Stabilität hervorstechen und eher extrovertiert sind, sich besonders leicht mit dem Verzeihen tun. Das heißt allerdings nicht, dass nur sie dazu in der Lage sind. Denn Verzeihen ist erlernbar, betont Enright.

In der Therapie von Verbitterungsstörungen, wie Michael Linden sie versteht, lautet das Ziel: den Kopf wieder frei bekommen, lernen, nicht mehr nachtragend zu sein.

Das gilt auch und vor allem innerhalb der Partnerschaft, in der alte Geschichten gar zu gern bei vermeintlich passender Gelegenheit wieder aufgewärmt werden. Das Verzeihen in Paarbeziehungen wird uns deshalb im nächsten Kapitel beschäftigen.

Wenn die Liebe leidet: Verzeihen in und nach der Partnerschaft

»Wir vergeben fast immer,
wenn wir verstehen.«
Michail Jurjewitsch Lermontow

Theodor Fontanes *L'Adultera*

Der Ehebruch und die Frage des Verzeihens: Eines der ganz großen Themen in der Geschichte der Malerei, der Oper, des Romans. Tristan liebt die verheiratete Isolde, beide hintergehen König Marke. Die Wagner-Fans fiebern mit dem Liebespaar mit. Fans von Theodor Fontane halten zu seiner Effi Briest, die ihr Kind nicht mehr sehen darf, seit ihr Mann herausgefunden hat, dass sie vor Jahren eine Liebschaft mit einem anderen hatte. Die Ehre zwingt den Baron Innstetten zum Duell, zur Scheidung, zur sozialen Ächtung der Treulosen, die an ihrer Isolierung schließlich zugrunde geht. Noch nicht einmal ihre eigenen Eltern können (dürfen?) ihr wirklich verzeihen.

Doch von Fontane gibt es einen anderen, unbekannteren Roman über eine Ehebrecherin, der ein kleines Happy End bereithält. Eine unscheinbare Geschichte, in der das Verzeihen doch eine zentrale Rolle spielt. In *L'Adultera* von 1880 ist die schöne junge Genferin Melanie mit dem sehr viel älteren Geschäftsmann Ezechiel van der Straaten verheiratet, einem Berliner Urgestein. Ezechiel ist fast krankhaft eifersüchtig, aufgrund seiner Familiengeschichte und des Altersabstands ist er fest davon überzeugt, dass seine junge, lebenslustige Frau ihn eines Tages notwendigerweise betrügen wird. Als Mahnung lässt er eine Kopie des Tintoretto-Gemäldes *L'Adultera* in seinem Haus aufhängen: Jesus erbarmt sich der Ehebrecherin. Melanie, zunächst befremdet über diese Neuanschaffung und dem Bild gegenüber eher zu Spott aufgelegt, hat Mitleid mit der »Sünderin«.

Es kommt, wie es kommen muss: Wenig später wird ein junger Mann im Hause van der Straaten aufgenommen, der Sohn eines

Frankfurter Geschäftsfreundes des Hausherrn. Ebenezer Rubehn ist jung, charmant und schön, vor allem aber ist er musikalisch und teilt Melanies Leidenschaft für Richard Wagner. Sie fühlt sich verstanden. Ihre ältere Tochter Lydia ist die einzige, die ihn nicht sympathisch findet. Bald ist die junge Frau schwanger, ganz offen verlässt sie ihren Ehemann und die Töchter, um mit dem Geliebten auf Reisen zu gehen. Großmütig hatte ihr van der Straaten dabei sogar angeboten, das Kind, das sie erwartete, als sein eigenes aufzuziehen, würde Melanie bleiben. Es folgt die Scheidung, die Hochzeit, die Geburt des Kindes in Venedig.

Die junge Familie kehrt nach Berlin zurück, wo sich Melanies ältere Tochter aus erster Ehe weiterhin abweisend und schroff zeigt – ganz ähnlich übrigens, wie es der kleinen Tochter von Effi Briest aus Gründen der väterlichen »Ehre« angelernt wurde. Nur dass in diesem Roman kein Vater dahintersteht, der die soziale Isolierung der treulosen »Verflossenen« fordern würde.

Denn Ezechiel van der Straaten zeigt ein anderes Format als Baron von Innstetten: Rubehns Frankfurter Bankhaus hat inzwischen Konkurs anmelden müssen, der junge Mann arbeitet deshalb nun als Angestellter, Melanie verdient mit Klavierstunden ein wenig Geld, man lebt deutlich bescheidener. Da erkennt van der Straaten bei einem Spaziergang im Berliner Tiergarten in dem Kind, das dort mit einer Schweizer Kinderfrau spielt, Melanies kleine Tochter, die der Mutter offensichtlich wie aus dem Gesicht geschnitten ist. Der Anblick rührt ihn. Wenig später, es ist Heiligabend, trifft bei der jungen Familie ein Paket ein. ›Julklapp‹ steht drauf, viele Geschenke und weihnachtliche Gaben liegen darin. Und ein Gravensteiner Apfel, aufgeschnitten und von seinem Kerngehäuse befreit. In seiner Mitte findet Melanie ein Medaillon. »Es war, en miniature, der Tintoretto, den sie damals so lachend und übermütig betrachtet und für dessen Hauptfigur sie nur die Worte gehabt hatte: ›Sieh, Ezechiel, sie hat geweint. Aber ist es nicht, als begriffe sie kaum ihre Schuld?‹« Melanie versteht, wie viel das Bild mit ihrer eigenen Geschichte zu tun hat, »und sie nahm das ihrer Hand entfallene Bildchen wieder auf und gab es an Rubehn und errötete.« Sie will das Medaillon in Zukunft immer tragen. »Und es soll mich erinnern und mahnen ... jede Stunde ...«

Ein Happy End, das leicht als etwas kitschig durchgehen kann, 19. Jahrhundert eben: Ein älterer, nüchtern wirkender Geschäftsmann, der – möglicherweise eigenhändig – einen Apfel aufschneidet, um die Miniatur eines bekannten, für ihn und seine Ex-Frau beziehungsreichen Gemäldes, die er zuvor in ein Amulett gesteckt hat, in der Frucht zu verbergen und, gut getarnt durch allerlei Weihnachtsleckereien, im Paket per Boten an die ehemals Geliebte zu senden. Unfassbar! Was an van der Straatens Aktion höchst zeitlos und ausgesprochen nachahmenswert erscheint, ist der gelungene Versuch, sich ohne Worte verständlich zu machen: Offensichtlich hat van der Straaten Melanie verziehen, er will ihr und ihrem Kind etwas zukommen lassen, er versucht möglicherweise sogar, eine neue Beziehung zu der jungen Familie aufzubauen. Und es ist nicht ausgeschlossen, dass der intelligente Mann mit der Miniatur des pikanten Gemäldes zugleich auch die Botschaft verschicken möchte, dass er um seinen eigenen Anteil an den Entwicklungen weiß. Eine geschickte Geste des Verzeihens!

Paare »auf der Couch«

»Nach dem Rausschmiss aus dem Paradies kam nicht die Hölle, sondern das Leben«

Ein Gespräch mit den Berliner Paartherapeuten Monika Häußermann und Gerd Jakubowski über die Haltung der »Verzeihlichkeit« und die Chancen eines Neubeginns

Ein Herbstabend in der Großstadt. Kühl ist es geworden, die Dunkelheit bricht früher herein als noch vor wenigen Wochen. Eine gepflegte Wohngegend in Berlin-Charlottenburg, in den Altbauten viele erleuchtete Räume, Menschen sitzen in Cafés und Restaurants, essen, trinken und reden. In einem der Bistros erheben ein Mann und eine Frau ihr Glas. Ich wüsste zu gern, worauf die beiden jetzt anstoßen.

Ein paar Häuser weiter stehen in einem großzügigen Raum im dritten Stock vier Korbstühle. Auch hier kommen immer wieder Paare ins Gespräch, vorzugsweise um diese Zeit, am

Abend nach der Arbeit. Die psychologische Psychotherapeutin Monika Häußermann und der Sozialpädagoge und Gestalttherapeut Gerd Jakubowski haben die Sitzgelegenheiten einladend im Raum gruppiert. Die beiden arbeiten seit 15 Jahren zusammen. Sie helfen Paaren, die in Schwierigkeiten geraten sind. Was sie anbieten, ist gewissermaßen eine paritätische Form der Paartherapie: Zwei Paare sitzen sich während der Therapiestunden gegenüber, ein professionelles und ein privates.

Als professionelles Paar sind die beiden Therapeuten gewissermaßen Experten für das Verzeihen. Der typische Anfangssatz, den sie schon unzählige Male gehört haben, lautet: »Ich kann mir gar nicht vorstellen, dass ich das jemals verzeihen könnte.« Und das klassische Beispiel ist die Beziehung, in der einer der beiden Partner fremdgegangen ist. »Oft sind die Verletzungen und Kränkungen so stark, dass Verzeihen unmöglich zu sein scheint«, berichtet Gerd Jakubowski. »Viele sagen, dass sie es intensiv probieren«, ergänzt Monika Häußermann. »Sie werden aber immer wieder von der Vorstellung des Betrugs, des Vertrauensbruchs überwältigt.«

Die Paare, die in die Praxis kommen, das sind die, die Hilfe suchen. Nicht die, die es auch alleine schaffen, und auch nicht die, die keine Chance mehr für ihre Beziehung sehen.

Typischerweise stellt sich zu Beginn die Lage so dar, dass einer der beiden der »Täter« oder die »Täterin« ist, der andere das »Opfer«. Wird sich also in den nächsten Wochen und Monaten alles darum drehen, dass das »Opfer« lernt, dem »Täter« zu verzeihen? Natürlich ist das nicht ganz falsch, aber wesentlich komplizierter.

Zunächst einmal gehe es nicht allein darum, dem anderen zu verzeihen, gibt Häußermann zu bedenken. Verzeihen, das bedeute in einer solchen Situation immer auch: Mit sich selbst einigermaßen gnädig umgehen. »Wenn mein Partner gegen meine eigenen Tabus oder ethischen Vorstellungen so heftig verstößt, dass ich mir nie im Leben vorstellen könnte, mit einem solchen Menschen weiterhin zusammenzusein, und wenn ich das schließlich trotzdem tue, weil ich mich nicht von ihm trennen möchte, dann muss ich ja auch mit mir selbst ins

Reine kommen!« Damit die Beziehung unter diesen Umständen überhaupt weiter bestehen kann, müsse man zunächst sich selbst verzeihen, dass dieser Wunsch trotzdem besteht. Da geht es nicht zuletzt auch um Stolz, um persönliche Würde. Diese Themen zu bearbeiten, kann in der Therapie großen Raum einnehmen.

Einerseits kann also die Selbstachtung des »Opfers« eines Seitensprungs heftig ins Wanken geraten, wenn er oder sie sich über persönliche Prinzipien hinwegsetzt und dem Partner alles verzeiht. Andererseits gebe es da die Erwartung, dass der oder die Betrogene sich großmütig zur Vergebung entschließt, ergänzt Jakubowski. »Ich habe Probleme, die Begriffe Verzeihen oder Vergeben in den Mund zu nehmen, sie sind mir zu christlich geprägt. Es gibt da diese Erwartung, dass man sich erweichen lässt und dem anderen verzeiht. Doch vielleicht sind das Gesten, die man eher von einem Geistlichen erwarten kann.« Er selbst gebrauche das Wort Verzeihen in einer Paartherapie deshalb »nicht ohne eine gewisse Scheu«.

Therapeuten sind Menschen, die mit Sprache arbeiten, die sensibel und behutsam mit Worten umgehen. Im Verlauf einer Paartherapie komme es immer wieder dazu, dass ein Partner förmlich erklärt »Ich verzeihe dir«, berichtet Jakubowski. Ihm persönlich ist das sichtlich ein paar Nummern zu groß, möglicherweise auch zu pathetisch. Manchmal auch zu sehr von oben herab. »Ich weiß nicht, ob es einem Menschen überhaupt zusteht, diesen Satz zu sagen.«

Für den »Täter« könnte der Satz zudem eine neue Belastung bedeuten. »Da bin ich schon derjenige, der den Schaden verursacht hat. Das lastet möglicherweise schwer auf mir. Und dann wird mir auch noch verziehen! Dadurch bin ich tief in der Schuld des anderen, und es ist schwer, wieder so etwas wie Freiheit zu erleben.«

Andererseits, gibt Häußermann zu bedenken, taucht immer wieder die Frage des Partners, der den Vertrauensbruch begangen hat, auf: »Wann verzeihst du mir endlich?« Mit dem Verzeihen verbinden sich Hoffnungen: Dass die Kränkung überwunden ist, dass die Verletzungen, die man dem anderen zugefügt hat, nicht mehr wehtun, dass man als Paar endlich neu beginnen kann.

Verständliche und oft auch berechtigte Hoffnungen. »Für mich ist Verzeihen etwas, das im Zuge der Auseinandersetzungen passieren kann und oft auch passiert«, bestätigt Jakubowski schließlich. »Wenn Paare die Vorgänge nachvollziehen, die so kränkend waren, kommt im guten Fall irgendwann der Punkt, an dem sie nicht mehr nach hinten schauen, sondern es fertigbringen, gemeinsam nach vorn zu blicken.« Dann, sagt er ganz vorsichtig, habe »etwas Verzeihliches stattgefunden«. Bis es allerdings so weit ist, sei bei beiden Beteiligten das Ringen um sehr viele verschiedene Aspekte nötig: Sich selbst verzeihen, Hoffnung schöpfen, dass man dem anderen in Zukunft vertrauen kann, aber auch, sich von falschen Vorstellungen zu verabschieden. »Es ist ja nicht die Beziehung geplatzt, sondern eine Illusion von der Beziehung.«

Doch noch einmal zurück zum Beginn. »Bei den Paaren, die zu uns kommen, gibt es eine Ambivalenz«, sagt Monika Häußermann. »Sie kommen, weil sie den Wunsch haben, die Beziehung wieder aufleben zu lassen. Sie möchten weitermachen, sie möchten verzeihen, darin liegt ihre Chance. Aber sie finden allein keinen Weg.« Die beiden Paartherapeuten hören dann erst einmal eine ganze Weile zu: Sie lassen sich von den Verletzungen erzählen, sie hören sich in Ruhe an, wie der »Verletzer« seine Position darstellt. Zunächst steht die Schuld wie ein unüberwindliches Hindernis zwischen den Partnern. »Die ›Täter‹ sind oft dazu bereit, die Konsequenzen ihres Verhaltens zu tragen«, sagt Jakubowski, »doch niemand weiß, worin diese Konsequenzen genau bestehen. De facto müssen sie sich meist immer wieder die gleichen Fragen und Vorhaltungen gefallen lassen.« Die »Opfer« werden dafür typischerweise mit den immer gleichen Erklärungs- und Entschuldigungsversuchen abgespeist.

Die beiden Therapeuten helfen, diesen Teufelskreis zu durchbrechen. »Wir versuchen relativ schnell, etwas auf den Kopf zu stellen, indem wir sagen, dass bei Paarkonflikten aus unserer Sicht immer das Zusammenwirken von zwei Menschen eine Rolle spielt«, sagt Jakubowski. »Wir versuchen dem Verzweifelten seine Rolle als ›Opfer‹ zu nehmen, damit es ihm nicht mehr so schlecht geht.« Solange er oder sie sich als Opfer betrachte, könne er überhaupt nichts ändern. »Doch in dem Moment, in dem ich mich damit beschäftige, wie mein Part in diesem Zusammenspiel ausgesehen hat, verliere ich zwar den Bonus des ›Opfers‹, dafür komme ich aber wieder auf den Boden und kann wieder laufen. Wenn ich meinen eigenen Anteil kenne, kann ich gucken, was ich daran ändern könnte.« Ein Schritt, der zu einem sehr frühen Zeitpunkt der Beratungsgespräche fällig ist. Das heißt nicht, dass es von nun an ausschließlich nach vorn ginge. »Es gibt natürlich immer wieder Rückfälle. Die Rolle des ›Opfers‹ hat schließlich auch etwas ausgesprochen Verlockendes, es ist schwer, sich davon zu trennen.« Die beiden Therapeuten machen deutlich, dass sie hier von einem Prozess sprechen, der regelrecht durchlitten werden muss. »Immer wieder berichten die Betroffenen, dass es sie nachts durchschüttelt, dass sie alles noch einmal und noch einmal durchleben.« In der Rolle des »Opfers« zu bleiben sei allerdings nicht nur keine Lösung, es sei geradezu »verheerend«.

Auch die »Täter« müssten sich damit beschäftigen, warum sie in Schuld geraten sind, ergänzt Häußermann. »Sie müssen Geduld mit dem Partner haben, der immer wieder dieselbe Frage stellt: Warum hast du das getan? Sie müssen aber auch Geduld mit sich selbst haben. Es ist wirklich Trauerarbeit, was da geleistet werden muss.« Wieder fällt der Begriff der Illusion, ohne deren Zerstörung es nicht geht. Der Mythos vom einzigartigen Paar. Rundherum zerbrechen Ehen, nicht nur bei den Prominenten. In den Großstädten wird längst jede zweite Ehe geschieden. Und da sitzt ein Paar in den Korbstühlen einer Charlottenburger Praxis für Paartherapie und hält es nicht für möglich, dass die Harmonie ausgerechnet in der eigenen Beziehung gestört werden konnte? Damit keine Missverständnisse aufkommen: Häußermann und Jakubowski meinen es keineswegs spöttisch, wenn sie von den Illusionen und Mythen sprechen. »Paare brauchen solche Mythen.« Allerdings müsse man die Geschichte von Adam und Eva im Paradies fortspinnen und weitererzählen, findet Jakubowski. »Wir versuchen klarzumachen, dass nach dem Rausschmiss aus dem Paradies nicht die Hölle kam, sondern das Leben.« Wenn alles gut geht, ist es sogar ein besseres Leben als das im vermeintlichen Paradies. Offener, tabufreier.

Die Haltung, die die beiden Therapeuten hier vorsichtig als »Verzeihlichkeit« umreißen, hat das Zeug, den Teufelskreis zu durchbrechen. »Der Seitensprung ist häufig eine große Chance für das Paar, weil die massiven Verletzungen der Anstoß für Veränderungen sind, die sich beide Partner schon lange gewünscht haben«, sagt Häußermann. »Er ist eine dermaßen deutliche und nicht zu übersehene Warnung, dass nun endlich etwas geschehen muss.«

Im Rückblick werde oft deutlich, dass es schon Warnsignale gegeben, dass die Krise sich schon angedeutet hat. »Ein ›betrogener‹ Partner hat sich dann typischerweise naiv verhalten und die Augen vor den Hinweisen verschlossen. Man muss sagen, dass diese Art der Unaufmerksamkeit in seine Verantwortung fällt. Wenn eine Beziehung ungenau wird, wenn sie ›verschlampt‹, dann tragen meist beide ihr Päckchen Verantwortung daran.« »Opfer« aber können nichts verändern. Mehr Chancen hat, wer sich als handelnde Person versteht.

Voraussetzung für echtes Verzeihen in der Paarbeziehung ist in Häußermanns Augen allerdings, dass man sich so oder so entscheiden könnte. Zusammenbleiben oder sich trennen, ohne materielle oder andere Abhängigkeiten. »Diese Möglichkeit, in der Beziehung Souveränität zu wahren, hatten Frauen in früheren Generationen noch nicht.«

Jakubowski findet es in Ordnung, wenn der Partner, dem schlimme Verletzungen zugefügt wurden, sein Verzeihen als einmaligen Akt betrachtet. »Er darf durchaus denken und sagen: Ich bin mir nicht sicher, ob ich so etwas noch einmal verzeihen kann. So etwas darf nie wieder vorkommen!« Oft ist er oder sie das auch der eigenen Selbstachtung schuldig.

»Der Blick muss nun ernsthaft in die Zukunft gehen«, sagt Jakubowski, »und strenggenommen müssten diese beiden noch einmal eine neue Beziehung eingehen, sie schließen ein neues Bündnis, sie sollten sozusagen noch einmal heiraten.« Viele Paare hätten auch wunderschöne Ideen für neue Rituale und wollen die neu begonnene Beziehung bewusster pflegen. »Sie sagen sich: Diese Krise haben wir gut gemeistert. Gar nicht schlecht, dass wir sie hatten.«

Allerdings brauche es seine Zeit, bis man so über eine Krise denken kann, sagen die Therapeuten. Um den Paaren eine Orientierung zu geben, sprechen sie vom »Trauerjahr«, das durchlebt sein will. Die Profis können allenfalls dabei helfen, die Abstände für die Vierergespräche werden normalerweise im Lauf der Zeit größer. In manchen Fällen empfehlen sie zusätzliche Einzeltherapien. »Außerdem raten wir, wieder Kontakt zu Freunden zu suchen, von denen man sich möglicherweise aus Scham zurückgezogen hat«, sagt Jakubowski. Seiner Erfahrung nach sind es immer noch die Männer, die sich bei Paarproblemen sozial isolieren. »Wenn sie ihren Freunden erzählen, dass ihre Frau fremdgeht, bekommen sie zudem häufiger den Ratschlag: Das darfst du dir nicht gefallen lassen!« Die Frauen dagegen seien häufig bei ihren Freundinnen gut aufgehoben.

Was die Paartherapie betrifft, vereinbaren die beiden Therapeuten oft am Ende noch einen »Sicherheitstermin« fürs folgende Jahr. Das ist ein bisschen wie der Nachsorgetermin beim Arzt für die Kontrolle nach einer schweren Krankheit. Immer wieder sagen Paare diesen Termin dann ab, weil sie ihn nicht mehr brauchen und auch keine Lust mehr haben, Geld dafür auszugeben. Einmal, erzählt Monika Häußermann, da habe sie ein Paar gleich zu Beginn einer solchen Sitzung weggeschickt. »Ich habe ihnen geraten, lieber hier in der Nähe essen zu gehen und sich zu zweit einen schönen Abend zu machen.« Allein damit sie den Babysitter nicht umsonst bezahlt hatten.

Die Herbstnacht ist inzwischen klarer geworden, der zunehmende Mond strahlt und ein Hauch von Romantik liegt in der Abendluft. Ich sehe die Frauen und Männer in den Bistros jetzt plötzlich mit anderen Augen und frage mich, welche Geschichte sie wohl miteinander verbindet.

Vertrauen und Misstrauen

»Ich bin nun wacher für die Anfälligkeit des Glücks«
Ein Gespräch mit Aline B. über Untreue in der Ehe und das Wagnis des Verzeihens

Die 48-jährige Aline B. und ihr Mann würden wunderbar zu den modisch gekleideten, gut aussehenden, freundlich plaudernden Paaren mittleren Alters passen, die in den Lokalen rund um die Praxis der Charlottenburger Paartherapeuten den Herbstabend ausklingen lassen. Gut vorstellbar, dass sie bei einem Kurztrip nach Berlin hier landen, ein Glas Rotwein und ein paar italienische Antipasti genießen könnten. Seit 23 Jahren sind die beiden nun verheiratet, sie kennen sich seit der Tanzstundenzeit, haben drei gemeinsame Kinder, von denen zwei inzwischen erwachsen sind. Sie leben in der Nähe von Münster in einem schönen Haus mit Garten. Beide gehen in ihrem Beruf auf, er arbeitet bei einer Firma für Baubedarf, sie ist Lehrerin. Eine Erfolgsgeschichte.

Zwei Jahre ist es nun her, dass diese Beziehung ernsthaft auf dem Spiel stand. Nie in ihrem Leben wird Aline B. die laue Sommernacht vergessen, in der sie sich aus dem Schlafzimmer schlich, um im Dienstwagen ihres Mannes nach einer Erklärung dafür zu suchen, warum er seit Wochen abwesend und kühl wirkte. Es war die Nacht nach dem Abiball ihres ältesten Sohnes, die innere Anspannung war unerträglich: Warum hatte ihr Mann kaum mit ihr getanzt, ihr wunderschönes Kleid nicht beachtet, an das sich romantische Erinnerungen knüpften, das Foto nicht gekauft, auf dem der Ball-Fotograf sie beide festgehalten hatte? »Er hatte gezögert, und dieses Zögern war wie eine Erleuchtung: Er will das Bild nicht, dachte ich mir, weil er darauf so schuldbewusst aussieht! Er sehe aus wie ein trauriger Ochse, hatte er zu mir gesagt.« Zu Hause, nach einer kühlen, steifen Umarmung, hielt es Aline B. nicht mehr aus. Warum nur ging er dermaßen auf Distanz? »›Du kannst mich mal‹, habe ich meinen Mann schließlich angezischt. Ich fühlte mich zutiefst verletzt und lag noch lange wach.«

Vieles ging ihr durch den Kopf: Wie sehr ihr Mann sie einst umworben hatte. Dass es zunächst sie war, die gezögert hatte, weil sie fand, er sei eigentlich nicht ihr Typ, irgendwie nicht intellektuell genug. Dass er damals nicht lockergelassen hatte. Dass die liebevolle Art des gutaussehenden jungen Mannes schließlich ihre Bedenken besiegt hatte. Und wie es dann weitergegangen war, mit den Geburten der Kinder, dem nicht abgeschlossenen Germanistik-Studium, der vollen und ungeteilten Last des Familienmutter-Daseins, dem Hausbau. Aline B. dachte an den Stress mit den pubertierenden Söhnen und den beiden Jobs, die sie inzwischen in der Erwachsenenbildung und in einer regulären Schule innehatte. Daran, dass man sich an den Abenden immer seltener sah, was ihren Mann jedoch nicht zu stören schien. »Ich war irgendwann fünf Abende die Woche erst um 22 Uhr zu Hause, was uns finanziell gut tat, aber der Beziehung vielleicht nicht. Wenn ich ankam, saß er vor dem Fernseher und schaute kaum auf, um mich zu begrüßen.« Kurz: Aline B. dachte daran, »dass die Jahre ins Land gingen, und wir lebten in parallelen Welten«.

In dieser Nacht des Abiballs beschlich sie das sichere Gefühl, dass etwas Grundlegendes nicht stimmte im Verhalten ihres Mannes. Sie wollte es wissen. Und suchte mitten in der lauen Sommernacht zuerst in den Jackentaschen, dann im Dienstwagen ihres Mannes nach Aufklärung. Aline B. war in einer Stimmung, die für Skrupel, ob sie ihren Partner ausspionieren dürfe, gar keinen Raum mehr ließ.

Und wenn man so will, hat der »Erfolg« ihr Recht gegeben: In den Rücktaschen der Vordersitze fand sie ein zweites Handy, eine Brieftasche und ein Sparbuch. In der Brieftasche befand sich ein Zettel mit der PIN des Mobiltelefons, auf dem, wie sich gleich herausstellen sollte, zwei neue Nachrichten auf ihren Mann warteten. Aline B. kann noch heute den genauen Wortlaut der beiden SMS zitieren: »Mein Schatz, Du musst mächtig stolz sein auf Deinen Sohn – Abi geschafft. Schlaf gut und träum schön. Küsse …« Und eine zweite: »Hier ist Deine Schwimmerin. Ich bin Meisterin geworden, da staunst Du, was?« Sie hatte gefunden, was sie gesucht hatte. »Keine Einbildung – er betrog mich. Wie versteinert legte ich alles an seinen Platz zurück, ohne Spuren zu hinterlassen, stieg aus dem Auto, ging ins Haus zurück und legte mich wieder ins Bett.« Am nächsten Tag, erzählt sie weiter, habe sie in der Familie perfekt ihre Rolle gespielt, nur mit einer Freundin habe sie über ihre Entdeckungen gesprochen. »Sie gab mir den Rat: Folge deinem Gefühl. Sprich, wenn du zu ersticken drohst.« Doch zunächst suchte Aline B. weiter, sie wollte sich nichts ersparen – und fand in der nächsten Nacht im Lenkradfach Kondome.

Am Tag darauf, ihrem Geburtstag, konfrontiert sie ihren Mann schließlich mit den Funden. »Er schwitzte, das habe ich deutlich gesehen, aber es dauerte noch 20 zähe Minuten, bis er tröpfchenweise zugab, was ich längst wusste: Er hatte eine Affäre mit einer Arbeitskollegin, die zweite SMS stammte von einer anderen Frau, die er wohl gerade erst angebaggert hatte.«

Aline B. setzt ihren Mann unter Druck. Droht ihm, ihn sofort vor die Tür zu setzen, wenn er nicht jetzt gleich und in ihrem Beisein die Arbeitskollegin anruft und ihr sagt, dass sie alles weiß. »Als er das nicht wollte, habe ich ihm damit gedroht, seinen Boss zu informieren.« Danach setzt sie durch, dass ihr Mann der »Schwimmerin« eine SMS schreibt. »Ich habe den Text diktiert und das Handy anschließend behalten.« Beim abendlichen Geburtstagsessen erzählt sie ihrer Mutter und ihren Söhnen, was geschehen ist. »Ich habe nüchtern berichtet, aber innerlich war alles nur Schmerz und Verzweiflung.« Gefühle, die Aline B. keineswegs die Tatkraft nehmen. Sie lässt sich von ihrem Hausarzt eine Therapeutin empfehlen. »Meine Rettung.« Die nächsten Tage hat sie als unglaublich qualvoll in Erinnerung. »Mein Mann war endlich ehrlich.« Die Kollegin sei auf einer Tagung auf ihn zugekommen, er habe es geschehen lassen, beichtet er. »Später hat er hinzugefügt, er habe mehr Bestätigung gebraucht, ich sei so kalt gewesen.« Dabei sei doch sie es gewesen, die sich in dieser Zeit oft »kaltgestellt« gefühlt habe, sinniert Aline B.

Wie auch immer: Nun beginnt eine heiße Phase, in der sie oft gereizt und wütend reagiert: »Ich bin zwischendurch immer wieder ausgerastet, habe ihn sogar gekratzt und geschlagen.« Diese Seite kannte die temperamentvolle Frau noch nicht an sich, die Emotionen, die da hochkamen, waren durchaus geeignet, ihr Angst einzujagen. Wie lange würde das alles dauern? Und: Würde sie es überhaupt aushalten können?

Die Therapeutin und zwei Freundinnen helfen, indem sie zuhören. Ein besseres berufliches Angebot, das genau zu diesem Zeitpunkt kommt, betrachtet Aline B. ebenfalls als Rettungsanker. Trotzdem hat sie das Gefühl, kurz vor einer Depression zu stehen, bekommt Panikattacken, kann schlecht schlafen. »Und immer wieder habe ich darüber nachgedacht, ob ich ihn nicht rauswerfen soll, ob das nicht besser für mich wäre.« Besser für ihre Selbstachtung: Sie wäre nicht mehr nur das »Opfer« eines Betrugs, sondern würde selbst Tatsachen schaffen.

Ihr Mann wünscht sich, dass es ihr gelingen könnte, ganz anders nach vorn zu schauen. »Er wollte einen Neuanfang, ich dagegen musste erst einmal verstehen, wie alles so weit kommen konnte.« Die Kränkung sitzt tief, schließlich ist die große, schlanke Frau mit den blonden Haaren auch mit Ende 40 auffallend attraktiv. Eine Anspruchsvolle, eine, die umworben wird, die bisher keinen Grund hatte, an ihrem »Marktwert« zu zweifeln. »Ich hatte immer ›Verehrer‹ um mich herum, die gern eine Beziehung mit mir eingegangen wären, ich war und bin Aufmerksamkeit gewöhnt.«

Aline B. und ihr Mann beginnen eine Paartherapie, er streikt jedoch nach zwei Sitzungen, erzählt sie. Wahrscheinlich ist es ihr Glück, dass die beiden sich schon lange kennen: Sie schaffen es auch ohne Therapie, immer wieder miteinander zu reden. Er kann seiner Frau erklären, dass es ihm gutgetan hat, sich von der anderen Frau begehrt zu fühlen. »Mich hat er oft als überheblich empfunden.« Teilweise kann sie das heute verstehen. Doch bis es soweit war, hat es gedauert. Die Verletzung zeigt sich nicht zuletzt in ihrer Abwehr körperlicher Nähe.

Nach und nach habe sie es dann wieder ertragen können, dass ihr Mann sie berührte, berichtet Aline B. »Wir haben wieder miteinander geschlafen, doch zunächst war das noch etwas aufgesetzt.« Als Ersatz für spontane Begeisterung musste noch eine Weile der gute Wille einstehen, es wieder miteinander zu versuchen. Erst nach einem Dreivierteljahr sei sie langsam ruhiger geworden, berichtet Aline B. Als äußeres Zeichen des Neuanfangs kaufte das Paar sich nun ein neues gemeinsames Bett.

»Ich habe uns eine Chance gegeben, aber es gibt nur diese eine«, betont die heute 48-Jährige. Dass sie drei gemeinsame Kinder haben, spielte beim Willen zur Versöhnung eine wichtige Rolle. Es ermöglichte Aline B., an der Beziehung zu arbeiten. »Ich komme aus einer Scheidungsfamilie, deshalb war und ist es mir wichtig, den Kindern diese Erfahrung nach Möglichkeit zu ersparen.« Nach Möglichkeit – nicht um jeden Preis. »Ich habe viel gelernt«, sagt Aline B. So sei ihr noch klarer geworden, dass kein Mensch sein Lebensglück von einem anderen Menschen abhängig machen darf. Denn es kann anders kommen, und dann ist es wichtig, unabhängig zu sein. »Mit Lüge und Verrat will ich nicht leben, dann lieber allein sein oder einen neuen Partner finden.« Vor allem aber habe sie verstanden, dass Beziehungen sich im Lauf der Zeit verändern. »Man muss im Gespräch miteinander bleiben, und beide müssen einsehen, dass es die ideale Partnerschaft nicht gibt.«

Heute sieht sie es auch als Fehler an, dass sie ihrem Mann immer wieder ihre Unzufriedenheit mit seinem geringen kulturellen Interesse gezeigt hat. Er ist gelernter Maurer, hat als junger Mann sein Fachabitur gemacht und arbeitet heute als Außendienstmitarbeiter einer Firma für Baubedarf. »In seinem Beruf ist er ausgesprochen erfolgreich. Vielleicht ist er ›einfacher gestrickt‹ als ich, dafür ruht er aber auch mehr in sich. Inzwischen habe ich erkannt: Er ist nicht ich – und er soll auch nicht ich werden.«

Heute bedauert sie, dass sie selbst ihr Studium nicht abgeschlossen und nicht mehr Power in die eigene berufliche Entwicklung gesteckt hat. »Leider habe ich an der Schule nur eine Vertretungsstelle. Mein größter Wunsch für dieses Jahr: Eine gut bezahlte Festanstellung. Ich denke, Unabhängigkeit vom Partner ist auch ein Stück Menschenwürde. Finanzielle Überlegungen sollten niemanden zu Kompromissen zwingen, daher mein Rat an betroffene Frauen: Macht euch wirtschaftlich unabhängig!« Ihr zweiter Rat an ihre Geschlechtsgenossinnen: »Seid solidarisch: Fremdgehen ist für Männer so einfach, weil sich so viele Frauen darauf einlassen, die Geliebte zu spielen. Die Männer, die dies als angenehm für sich empfinden, werden aber auch die ›Neue‹ nach einer Zeit entsorgen, wenn sie nicht mehr so neu ist.« Kein Zweifel: Vergessen hat Aline B. die Geschichte von vor zwei Jahren keineswegs. »Es ist wie die Vertreibung aus dem Paradies der Unschuld; dahin können wir nicht mehr zurück. Man wird durch den ›Sündenfall‹ erwachsen, ob man will oder nicht. Auch das Misstrauen flackert von Zeit zu Zeit wieder auf und zwingt mich, mich mit bestimmten Situationen auseinanderzusetzen.«

Wieder das Bild vom Paradies, das schon der Paartherapeut Gerd Jakubowski bemüht hatte! Für ihn ist die Vertreibung allerdings in ein rosigeres, positiveres Licht gerückt als für Aline B. Sie fiel hart, als sie »aus allen Wolken« fiel. Die bemerkenswerte Power, die sie auszeichnet, zeigte sich auch in der Wucht, mit der die negativen Gefühle über sie hereinbrachen. Doch sie hat ihrem Mann verziehen. »Ohne Verzeihen wäre ein Zusammenleben für mich nicht möglich. Um verzeihen zu können, muss man allerdings die ehrliche Reue des Partners spüren.«

Ob sie das wieder tun würde, den Wagen ihres Mannes durchsuchen, um nach Spuren eines Seitensprungs zu fahnden? »Ja, natürlich«, sagt Aline B., »bei Verdacht würde ich wieder alle Hebel in Bewegung setzen, um Klarheit zu bekommen. Ich weiß, dass die schnüffelnde Ehefrau oft in Cartoons die Witzfigur abgibt. Ich glaube aber, dass die Frau, die instinktiv spürt, dass sie betrogen wird, und nichts unternimmt, in den Augen ihres Partners noch mehr an Ansehen verliert.« Sie findet, das sei wie bei einem Kind, das seine Grenzen austestet: Wie weit kann ich noch gehen, bevor etwas geschieht? »Diese Wachsamkeit sind wir uns selbst schuldig, sonst verlieren wir unsere innere Würde.« Ihr Mann sei damals auch nicht sauer gewesen, dass sie in seinen Sachen »geschnüffelt« habe, fügt sie hinzu. »Schließlich habe ich ja nicht unbegründet gesucht; er hatte ganz im Gegenteil ein schlechtes Gewissen.« In diesem

Punkt habe es folglich von ihrer Seite nichts zu bereuen und von seiner nichts zu verzeihen gegeben, da ist sie sich sicher.

Längst hat Aline B. nicht mehr das Gefühl, »am Rand eines Abgrunds« zu stehen, wenn sie an die Vorfälle rund um ihren 47. Geburtstag denkt. Die Wut ist verschwunden, gleichzeitig hat sie aber auch ein Stück von ihrer unversehrten Naivität eingebüßt. Die Zeit heilt nicht alles, sagt sie. Aber die Narben, die bleiben, haben ihrer Ansicht nach auch ihr Gutes: »Sie machen einen wacher für die Anfälligkeit des Glücks.« Das Bewusstsein, wie leicht eine Beziehung in Gefahr geraten kann, schärft den Blick für deren Wert. So gibt Aline B. den gemeinsamen Interessen seit der Versöhnung ein viel stärkeres Gewicht: Reisen nach Italien, gutes Essen, gute Weine, das Haus und der Garten, die Kinder. »Ob andere viel mehr miteinander teilen?«, sinniert sie. »Ich weiß es nicht.«

Als hätte sie Angst davor, nun allzu abgeklärt und harmlos-versöhnlich die kleinen Alltagsfreuden eines schon ein wenig gesetzten Ehepaares mittleren Alters zu preisen, erzählt meine Gesprächspartnerin zum Schluss aber noch eine etwas andere Geschichte. Vier Monate nach dem »großen Knall« habe sie sich einen »One-day-stand« mit einem anderen Mann gegönnt, »als Überlebenshilfe«. »Danach fühlte ich mich wieder begehrenswert, zumal der Mann die Sache fortsetzen wollte, was ich aber abgelehnt habe.«

»Ich habe ihn angezeigt. Und ich habe ihm verziehen«

Ein Gespräch mit Stefanie Eid, die sich bei ihrem Ex-Partner mit HIV angesteckt hat

Manchmal macht man im Leben neue Bekanntschaften zu Zeitpunkten und an Orten, an denen man am wenigsten damit rechnet. So war es auch mit Stefanie Eid. Ich habe sie in der Ausstellung *MenschMikrobe* im Berliner Naturhistorischen Museum kennengelernt, in der es eigentlich um »Das Erbe Robert Kochs und die moderne Infektionsmedizin« ging. Um Bakterien, die unter Mikroskopen sichtbar werden, um Händedesinfektion und den Segen von Impfungen, um die Erreger von Tuberkulose, Pest und Cholera. Und nur am Rande um die Geschichte von Menschen, die sich mit HIV infiziert haben.

Stefanie Eid ist eine von ihnen. Ihr Foto, ein paar Daten und ein paar Zitate sind auf einer Schrifttafel zu sehen. Und wie sich schnell herausstellt, ist sie bereit, in einem persönlichen Gespräch mehr über sich zu erzählen. Zunächst über die Vorweihnachtszeit des Jahres 1994. Sie war in der 12. Woche schwanger, als sie am 8. Dezember nach einer Routineuntersuchung beim Frauenarzt erfuhr, dass der HIV-Test positiv ausgefallen war. Die junge Frau war geschockt. »Ich hatte große Angst, bald zu sterben. Ausgerechnet jetzt, wo ich das Baby erwartete, das mein Mann und ich uns so sehr gewünscht hatten.« Auch ihr Mann, dem sie sich sofort anvertraut hat, war vollkommen fertig. Er hatte Angst um sie und auch ein wenig um sich.

Denn Stefanie Eid hatte sich, das wurde ihr bald klar, bei einem früheren Partner angesteckt. Er litt unter der Bluter-Krankheit und brauchte immer wieder Blutprodukte, die zu Beginn der Aids-Epidemie eine bedrohliche Infektionsquelle waren. Später stellte sich heraus, dass er von seiner Infektion gewusst und sie seiner damaligen Partnerin verschwiegen hatte. Er hatte aus einem Pool, den Pharmafirmen errichtet hatten, eine Abfindung bekommen, den Geldsegen versuchte er seiner Freundin und seinen Eltern als »Lottogewinn« zu erklären. Sie hat sich im Jahr 1991 bei ihm angesteckt.

Gegen den Rat einiger Ärzte bekam Stefanie Eid das Kind. »Ich wäre daran zerbrochen, wenn ich es abgetrieben hätte.« Ihre Tochter ist nicht infiziert. Sie selbst profitiert von den Medikamenten, mit denen die Immunschwäche seit Mitte der 90er Jahre immer effektiver in Schach gehalten werden kann. Allerdings nicht ohne Nebenwirkungen.

Heute ist Stefanie Eid 42 Jahre alt, lebt mit ihrer 16-jährigen Tochter in einem kleinen Ort im hessischen Taunus, ist wegen mehrerer Krankheiten frühberentet, treibt aber viel Sport und engagiert sich in ihrer Kirchengemeinde. Denn sie hat, kurz nach dem tiefen Loch, in das die Diagnose sie stürzte, den christlichen Glauben für sich (wieder-)entdeckt. Eine entscheidende Kraftquelle.

»Was mir sehr zu schaffen gemacht hat, war allerdings das Vaterunser.« Die Zumutung, die es enthält. Ihrem Schuldiger vergeben? »Ich habe anfangs eine Riesenwut auf diesen Mann gehabt. Ich hätte ihn umbringen können! Einmal hatte ich den Gedanken, ihm mit roter Farbe auf sein Auto zu schreiben: ›Ich habe Aids!‹ Damit alle anderen Frauen gewarnt wären.«

Ihr war bewusst, dass der Mann, mit dem sie eineinhalb Jahre zusammengelebt hatte, für seine eigene Infektion nichts konnte. Sie war die Folge einer ererbten Krankheit, die ihn stark belastete. »Er ist also selbst ein Stück weit Opfer«, sagt Stefanie heute. Doch er hat ihr eine andere Krankheit weitergegeben, weil er ihr sein Wissen darüber vorenthalten hat. Damit hat er sich auch juristisch ins Unrecht katapultiert.

»Irgendwann war ich so weit: Ich habe ihn angezeigt«, erzählt Stefanie Eid. Dadurch wurde ihre Geschichte öffentlich, sie war gezwungen, sich zu ihrer HIV-Infektion zu bekennen. Die Reaktionen ihrer Umwelt schildert sie als überwiegend positiv. Im Familienkreis, bei den Freunden und in der Gemeinde ohnehin: Dort fühlte sie sich rückhaltlos angenommen und aufgefangen. Sie sagt allerdings auch, sie habe gelernt, Stärke auszustrahlen und von anderen nicht zu viel zu erwarten.

Umso mehr von sich selbst. Das Vaterunser als ständige Herausforderung. »Heute habe ich ihm verziehen, ich trage ihm nichts nach.« So steht es auf der Schrifttafel in der Ausstellung *MenschMikrobe*. Mich interessiert der Weg zu diesem Ziel.

Stefanie Eid bestätigt, dass er nicht von heute auf morgen zurückgelegt werden konnte. Nach und nach kamen Überlegungen ins Spiel, die ihren Ex-Partner ein ganz klein wenig entlasteten: »Zu Beginn der 90er Jahre hätte niemand so leicht zugegeben, dass er HIV-positiv ist. Wir haben uns in der Clique über die Aufklärungs-Werbespots lustig gemacht, mit denen in Discos für Kondome geworben wurde. Wie muss er sich da gefühlt haben?« Ihr Verständnis für seine Lage ist nach und nach gewachsen. Sie weiß nicht, ob das ohne ihren Gottesglauben möglich gewesen wäre. »Ungefähr fünf Jahre nach dem großen

Schock war ich bereit, die Sache an Gott abzugeben. Ich habe gemerkt, wie ich dadurch freier wurde.«

Stefanie Eid und ihr Ex-Freund wohnten inzwischen nicht mehr im selben Ort, aber auch nicht sehr weit voneinander entfernt. Seit der Gerichtsverhandlung hatte sie ihn nicht mehr gesehen. Nun begann sie zu überlegen: »Was wäre das für ein Gefühl, wenn ich ihm begegnen würde?« Es würde ihr nichts mehr ausmachen, stellte sie fest. »Ich wollte nur nicht von mir aus auf ihn zugehen.«

Das Jahr 2004 war hart für Stefanie Eid: Sie erkrankte an Brustkrebs und musste die ganze Palette der Behandlungen über sich ergehen lassen. »Als ich einmal zur Chemotherapie in meiner Arztpraxis war, habe ich ihn gesehen. Ich habe mich nicht zu erkennen gegeben. Ich war zu schwach, belastet durch die Behandlung, ohne Haare auf dem Kopf.« Doch seitdem hat sie eine echte Begegnung geradezu herbeigesehnt. Noch ein paar Jahre später, im Jahr 2009 war es dann so weit, wieder in der Arztpraxis. »Er saß im Wartezimmer, sein Name wurde aufgerufen. Da habe ich ihn angesprochen und um ein Gespräch gebeten.«

Es wurde ein kurzes Gespräch, fast zwischen Tür und Angel. Doch Stefanie Eid konnte immerhin persönlich loswerden, dass sie ihm längst vergeben hat. »Er war ganz offensichtlich erleichtert. Er sagte mir, er habe all die Jahre über Angst gehabt, mir zu begegnen.« Stefanie Eid gab ihm ihre Telefonnummer. Doch er hat bis heute nicht angerufen. »Das ist auch nicht wichtig, mir ging es vor allem darum, ihm zu sagen, dass ich ihm verziehen habe. Und das habe ich ja gemacht.« Vielleicht sei auch das für ihren Ex-Freund schwer auszuhalten, vermutet sie. Verziehen zu bekommen, was man sich selbst nie ganz verziehen hat, bringt eine ganz besondere Art der Verlegenheit mit sich, auch der Unterlegenheit. In dieser Hinsicht geht es dem »Opfer« von einst besser. »Ich könnte mir heute vorstellen, einmal in Ruhe mit ihm essen zu gehen und über viele Dinge zu reden«, sagt Stefanie Eid.

Eine ausdrückliche Entschuldigung war für sie nicht nötig, um verzeihen zu können. »Für mich hängt das nicht vom Verhalten des anderen ab. Man kann schließlich auch einem Toten verzeihen. Wer auf eine Entschuldigung wartet, über den behält der andere weiterhin Macht.« Sie genießt den inneren Frieden, den sie hat, seit sie die Vergangenheit Vergangenheit sein lässt. »Ich bin froh, dass ich nicht weiter mit dem Hass und der Wut leben muss.«

Mittlerweile ist Stefanie Eid vom Vater ihrer Tochter geschieden, seit nunmehr elf Jahren lebt sie getrennt von ihm. Auch diese Trennung war mit Verletzungen verbunden. Auch hier gab es einiges zu verzeihen. Das wäre eine eigene Geschichte. Stefanie Eid bietet die Kurzfassung an: »Seit ich die eine große Sache verzeihen konnte, fällt es mir überhaupt leichter zu vergeben.«

Für sie persönlich ist das stark mit ihrem Glauben an einen gerechten Gott verbunden, der ihr Leben lenkt und dem es vorbehalten bleibt zu strafen. Sie hat erst nach der Diagnose zu diesem Glauben gefunden. Wenn sie von Dankbarkeit spricht, weil alles so gekommen ist, meint sie ganz bewusst das »Gesamtpaket«, einschließlich der Infektion.

Können Nichtgläubige von ihren Erfahrungen mit der heilenden Kraft des Vergebens überhaupt profitieren? Kann sie die auch vermitteln, ohne von Religion zu sprechen? »Ich persönlich kann mir ehrlich gesagt nicht vorstellen, wie ich ohne Gott zum Vergeben gekommen wäre, und davon würde ich natürlich gern möglichst viele Menschen überzeugen. Aber mir ist klar, dass die Mehrheit diesen christlichen Glauben nicht hat, und dass viele es trotzdem schaffen, anderen schweres Unrecht zu verzeihen.«

Dann fällt Stefanie Eid doch noch etwas ein, das sie ganz ohne Rückgriff auf christliche Bezüge an andere weitergeben kann: »Ich bin durch die HIV-Infektion, das ganze Drum und Dran der Behandlung und später durch den Brustkrebs auf jeden Fall sensibler geworden, sensibler für andere, aber auch für meine eigenen Bedürfnisse.« Dafür ist sie dankbar. Wem auch immer.

Ein Neuanfang

»Es hat lange gedauert, bis ich mir selbst diese Ehe verzeihen konnte«

Ein Gespräch mit Dana P. über Fehler in der Partnerwahl und die Kunst, seinen Frieden mit der eigenen Biographie zu machen

Die junge Frau war beeindruckt: »Als ich ihn zum ersten Mal erlebt habe, wusste ich sofort, dass ich einem Menschen mit Zivilcourage begegnet war.« Prag im Jahr 1968. Aufbruchsstimmung. Die Tschechin Dana P. war erst 20, als diese Begegnung stattfand, mit einem Mann, der ihr auf Anhieb imponiert hatte, klar denkend und wortgewandt. »Ich habe wunderschöne Sätze von ihm in Erinnerung, nie werde ich zum Beispiel vergessen, mit welcher Vehemenz er sagte: ›Über meine Grundrechte lasse ich nicht demokratisch abstimmen!‹« Nur wenige Jahre später sollte der junge Westdeutsche, der mit einer Delegation von Studenten in ihr Heimatland gekommen war, nachdem die Grenzen im legendären Frühling 1968 durchlässig geworden waren, ihr Ehemann werden.

Doch zunächst begann Dana P. zu studieren und genauso leidenschaftlich zu diskutieren. Sie bekam ein zeitlich befristetes Stipendium für Deutschland. An dem Kontakt zu dem jungen Mann hielt sie fest. Diese Beziehung war für sie eine freundschaftliche und vor allem eine intellektuell anregende. Das sah der junge Mann ganz anders: Wenige Wochen bevor sie nach Prag hätte zurückkehren müssen, sagte er, er wolle sie heiraten. Dana P. war einverstanden und hat sich dafür später jahrelang Vorwürfe gemacht. »Ich habe im Zweifel geheiratet, während er das nicht tat. Wegen dieses Unterschieds habe ich mich schuldig gemacht.« Schuldig zunächst gegenüber ihrem Mann, der sonst vielleicht mit einer anderen Frau ein dauerhafteres Glück gefunden hätte. Eine Liebe, die stärker auf Gegenseitigkeit beruht hätte. »Ich habe ihm die Chance genommen, eine andere Frau zu finden, die er hätte lieben können, eine, die ihm genauso zugeneigt gewesen wäre wie er ihr.«

Das konnte sie sich später, nach der Trennung, lange nicht verzeihen. Dazu kam, dass zu diesem Zeitpunkt auch ein gemeinsames Kind im Spiel war. »Ich hatte irrsinnige Schuldgefühle beiden gegenüber«, sagt sie heute, nach Jahrzehnten. »Wenn man so will, hatte ich zweimal versagt: Ich hatte erstens einen Mann geheiratet, den ich nicht genug liebte, und zweitens ein Kind von ihm bekommen.« Sie hatte das Gefühl, beiden eine richtige, »heile« Familie schuldig geblieben zu sein.

Als das Kind eingeschult und sie zuversichtlich war, ihren Lebensunterhalt sichern zu können, packte sie alle Sachen zusammen. Es war kein spontaner Entschluss, sondern eine Trennung, auf die sie sich jahrelang vorbereitet hatte. Ein sauberer Schnitt. »Wäre man an dem Tag in das gemeinsame Haus gekommen, hätte man bis auf das leergeräumte Kinderzimmer nicht gemerkt, dass irgendetwas fehlte. Seine Sachen waren alle gewaschen und gebügelt.«

Auch saubere Schnitte verursachen mitunter heftige seelische Schmerzen. »Ich habe mich jahrelang damit herumgeplagt und mich immer wieder gefragt: Warum hast du ihn nur geheiratet?«, sagt Dana P. heute. Sicher, es gab diese Bewunderung. »Was mir damals an seinem Wesen imponierte, das imponiert mir noch heute. Die Bewunderung gilt aber, wie ich inzwischen weiß, nicht einem Menschen, sondern seiner Haltung.« Mit ihrem eigenen extrovertierten, warmherzigen Wesen drohte sie an der Seite dieses melancholischen, zurückgezogenen, auf ihre Fürsorge pochenden Mannes emotional zu verdursten. Dabei kämpfte sie darum, ihn von seinen Depressionen zu befreien. »In meinem Größenwahn habe ich gedacht, ich kriege ihn gesund.«

Eine uneingeschränkte, tragfähige Liebe lernte sie erst kennen, als ihr Kind auf die Welt kam. Ein Kind, um das es später harte Kämpfe gab. »Er hat uns nach der Scheidung das Leben extrem schwer gemacht.« Für Dana P. war wichtig, dass sie in dieser konfliktreichen Zeit »nie eine müde Mark« von ihrem Ex-Mann beansprucht hat. Das Kind wurde erwachsen und hat heute eine gute Beziehung zu beiden Elternteilen. »Irgendwann hat mein Ex-Mann dann glücklicherweise völlig vergessen, dass er mich einige Zeit lang als Feindin betrachtet hatte. Das war der Augenblick, in dem ich mir selbst verziehen habe.« Dabei hat ihr die Erkenntnis geholfen, dass ihr Ex-Mann als Single eigentlich keinen unglücklichen Eindruck machte. Sie glaubt, dass es ihm entspricht, keine neue Beziehung eingegangen zu sein. »Er lebt bis heute allein, und das passt wahrscheinlich auch zu seinem Wesen.« Diese Einsicht hat ihr zu einem inneren Frieden verholfen.

Dafür musste sie sich aber auch den Umgang mit sich selbst verzeihen: zu viele Dinge, die sie durch eine Ehe ohne Leidenschaft und Liebe versäumt hat. »Ich habe meine Zwanziger hergegeben, die bekomme ich nie wieder.« Inzwischen kann sie sich das nachsehen, nicht zuletzt, weil sie das große Ganze sieht, das auf diese Art entstanden ist: »Wenn man sich in jungen Jahren findet und ein Kind zusammen bekommt, dann ist das unwiederholbar im Leben.«

Hätte sie das mit einem anderen erleben können, mit einem, den sie leidenschaftlich geliebt hätte? Dana P. hält es da eher mit Max Frisch, der in seinem Stück *Biografie: Ein Spiel* eindrücklich zeigt, dass wir heute wieder genauso handeln würden, wenn wir in die frühere Situation zurückversetzt würden und noch einmal wählen könnten. Sie führt sich diese Situation nüchtern vor Augen: »Ich war sehr jung, da war der politische Druck, wir hatten im Sozialismus nur wenige dauerhafte private Beziehungen erlebt. Traumprinzen gab und gibt es nicht an jeder Ecke, und überhaupt bin ich von meinem Wesen her ein viel zu selbständiger Mensch, um auf die Dauer eine enge Beziehung zu führen«, urteilt sie heute.

Dana P. war nicht mehr ganz jung, als sie mit ihrer Tochter zusammen in eine eigene Wohnung zog. Sie hatte nicht nur mit Gewissensbissen gegenüber dem Mann zu kämpfen, den sie verlassen hatte, sondern auch mit großen Schwierigkeiten, um ihre freiberufliche Arbeit und die Betreuung des Kindes unter einen Hut zu bekommen. Sie war eben keine 20 mehr. »Doch von dem Tag an, an dem ich ausgezogen bin, war ich von meinem tiefsten Grundgefühl her glücklich.« Der Kontrast zur bisherigen Gemütslage machte ihr das bewusst. »Man kann die eigenen Bedürfnisse nicht auf Dauer unterdrücken oder in den Kühlschrank sperren. Wenn man sie nicht ausleben kann, wenden sie sich irgendwann ins Zerstörerische. Jetzt endlich konnte ich meine Möglichkeiten und Sehnsüchte umsetzen.«

Dana P. expandierte sozusagen: Ihr Freundeskreis wuchs ebenso beständig wie ihr beruflicher Wirkungskreis und auch ihre finanziellen Möglichkeiten. »Wenn man seine eigene Lebenskraft aufweckt, dann ist man imstande, anderen gegenüber anders aufzutreten und etwas mit ihnen zu teilen.« Sie sieht das heute geradezu als Verpflichtung sich selbst und den anderen gegenüber: Sie hat sich von einer Bindung freigemacht, die ihr nicht entsprach, nun muss sie beweisen, was diese Freiheit bewirken kann – für sie selbst und für andere.

Der lange Prozess, in dessen Verlauf es Dana P. allmählich gelang, sich selbst zu verzeihen, war letztendlich ein Prozess der Selbsterkenntnis und der Weiterentwicklung ihrer eigenen, unverwechselbaren Persönlichkeit. Hört man sie davon erzählen, kommt einem unwillkürlich das Wort »reifen« in den Sinn.

Heute hat sie das Gefühl, dass auch ihre Tochter ihre Entscheidungen besser verstehen kann. Sicher wäre es am allerschönsten, man könnte ein erfülltes und glückliches Leben führen, ohne jemals seine Mitmenschen verletzen zu müssen, überlegt Dana P. »Ich kenne allerdings niemanden aus meinem Freundeskreis, der rundum reibungslos durchs Leben gekommen wäre. Wahrscheinlich muss jeder eine ganze Reihe von Fehlern machen. Und wer es schafft, sich selbst einiges zu verzeihen, der wird meiner Erfahrung nach auch anderen gegenüber großzügiger.«

»Wahrscheinlich hat mich auch mein glückliches Naturell geschützt«

Ein Gespräch mit der DDR-Bürgerrechtlerin, ehemaligen Bundestagsabgeordneten und studierten Philosophin Vera Lengsfeld über Bespitzelung in der Ehe, die »Opferrolle« und den Lebensmut

Hier, in einem kleinen Café in Berlin-Pankow, ist Vera Lengsfeld Stammgast. Es gab Stoßzeiten, da hat sie an diesem Ort ein Interview nach dem anderen gegeben. Zuletzt nach ihrer spektakulären »Dekolleté-Aktion« im Bundestags-Wahlkampf des Jahres 2009. »Wir haben mehr zu bieten« stand auf dem Wahlplakat, mit dem sie sich als CDU-Kandidatin des Wahlkreises Friedrichshain-Kreuzberg empfahl und das eine Fotomontage der beiden CDU-Politikerinnen Angela Merkel und Vera Lengsfeld präsentierte, beide in tief ausgeschnittenen Kleidern. Ein gewagter Gag, der nicht allen gefiel. In seiner heiteren Unbeschwertheit war er für mich umso bemerkenswerter, als ich den Namen Vera Lengsfeld bis zu diesem Zeitpunkt vor allem mit einem schweren Schicksalsschlag verband: Kurz nach der Wende, im Jahr 1991, hatte die Bürgerrechtlerin erfahren, dass ihr damaliger Mann, der Mathematiker und Lyriker Knud Wollenberger, sie jahrelang für die Stasi bespitzelt hatte. Der Mann, mit dem sie zwei kleine Söhne hatte, der sie in ihrer Arbeit unterstützt und der damaligen Bundestagsabgeordneten von Bündnis 90/Die Grünen als engagierter Vater den Rücken freigehalten hatte.

Inzwischen ist es über 20 Jahre her, dass Vera Lengsfeld, geschiedene Wollenberger, von der IM-Tätigkeit ihres Mannes erfahren hat. Bei unserem Treffen in dem kleinen Pankower Café möchte ich gern erfahren, ob und wie die Zeit diese Wunden geheilt hat. Und ob Frau Lengsfeld inzwischen verzeihen konnte.

»Bei mir hat der Abstand bewirkt, dass ich gelassener, auch analytischer über das nachdenken kann, was damals passiert ist«, sagt sie gleich als Einleitung und fügt hinzu: »Wenn ich gezwungen bin, darüber nachzudenken.« Im Nachhinein empfindet sie als größtes Problem, »dass ich meine persönliche Tragödie in der Öffentlichkeit durchleben musste. Ich hatte überhaupt keine Chance, es anders zu machen, ich war von Anfang an von einer Medienmeute umgeben.« Auch heute, obwohl sie im Umgang mit Medien berufsbedingt wesentlich abgebrühter ist, empfindet Vera Lengsfeld das noch immer als Zumutung. Schließlich habe es sich gar nicht um einen Fall gehandelt, den man unbedingt hätte ans Licht holen müssen. »Mein Ex-Mann war damals keine öffentliche Person, die Öffentlichkeit hatte ihm gegenüber keinerlei Aufklärungsansprüche. Doch diese Sensationsgier hat es mir damals völlig unmöglich gemacht, nach meinen eigenen Regeln mit der Situation umzugehen.« Auch ohne Medienanfragen hatte Vera Lengsfeld in diesen Tagen kurz vor Weihnachten 1991 genug zu tun: Die Trennung durchziehen, die schnelle Scheidung einleiten, den Kindern die Situation erklären und für ihre Betreuung im thüringischen Sondershausen zu sorgen, damit sie weiter ihren Pflichten als Abgeordnete in Bonn nachkommen konnte. Kurz: Ihren gesamten Alltag neu organisieren und bei all dem auch noch ein Stück innere Ruhe bewahren. Einige, denen es damals ähnlich ging, sind daran zerbrochen. »Wenn ich nicht von Anfang an wild entschlossen gewesen wäre, mich nicht unterkriegen zu lassen, hätte mir das auch passieren können«, meint sie heute. Und erzählt, sie habe die Situation immer mit einem Unfall verglichen, bei dem einem plötzlich und ohne Vorwarnung ein Arm oder ein Bein abhanden kommt. »Dann hat man zwei Möglichkeiten: Entweder man trauert endlos seiner Unversehrtheit hinterher, oder man konzentriert seine gesamte Kraft darauf zu überlegen, wie man ohne den Arm oder das Bein so gut wie möglich weiterleben kann. Ich habe mich von vornherein für das zweite entschieden.«

Bleibt die Frage, woran es liegt, dass sich ein Mensch nach einem solchen Vertrauensbruch so schnell für das Weiterleben entscheiden kann. Zum Teil habe sie es wohl ihrem »gesunden Naturell« zu verdanken, meint die 57-Jährige, der »guten Grundausstattung«. »Ich neige nicht dazu, sehr lange über meine eigenen Befindlichkeiten nachzudenken.«

Ihre Söhne Jacob und Jonas waren damals erst neun und sieben Jahre alt. »Ich habe mich darauf konzentriert, sie mit einem möglichst geringen Schaden aus dieser Situation herauszuretten. Die erste Bedingung dafür war, dass die Mutter Stärke zeigt.« Die Mutter musste der Fels in der Brandung sein und konnte sich nicht lange mit Selbstzweifeln oder Grübeln aufhalten. »Ich habe versucht, diese Stärke aufzubringen, und es hat funktioniert, wie meine Kinder mir heute bestätigen.« Vera Lengsfeld ist stolz darauf, dass ihr Sohn Jacob, der heute 27 ist, ihr vor ein paar Jahren sagte, der Vater habe ihm in diesen Jahren nie gefehlt, weil seine Mutter immer »200 Prozent« gegeben habe.

Später hätten die Söhne ein ganz entspanntes Verhältnis zu ihrem Vater entwickelt. Wollenberger ist im Jahr 2012 verstorben. Zuvor war er länger krank und hilfsbedürftig. Die Söhne hätten einen Teil der Pflege übernommen, berichtet Vera Lengsfeld. »Ich habe im Übrigen nie einen Zweifel daran gelassen, dass mein Ex-Mann Knud Wollenberger vor unserer Trennung ein reizender Vater für seine kleinen Söhne war.« Vor allem der Ältere von beiden habe so stark an seinem Vater gehangen, dass sie bei der Trennung Angst hatte, ob er überhaupt bei ihr bleiben wollen würde. »Weil sie so an ihm hingen, wollte ich den Kindern nie den Umgang mit ihm verwehren.« In den ersten Jahren haben die Söhne ihren Vater allerdings immer im Haus der Großeltern und unter deren Aufsicht getroffen. »Ich hatte einfach kein Vertrauen mehr zu ihm.« Später, als sie älter wurden, haben sie ihren Vater auch in seiner Wohnung besucht. »Irgendwann haben sie, jeder für sich, auch angefangen, ihm Fragen zu stellen. Sie haben mit ihm geklärt, was sie klären wollten.« Sie denkt, dass die beiden Söhne ihrem Vater inzwischen verziehen haben. »Aber so direkt habe ich sie das noch nicht gefragt.«

Vera Lengsfeld hat noch einen älteren Sohn aus einer früheren Beziehung, mit dem sie im Laufe der Jahre zahlreiche Gespräche darüber geführt hat, ob man nicht etwas hätte merken können von Wollenbergers Doppelrolle. Philipp Lengsfeld hat seiner Mutter vorgeworfen, sie hätte durch die Gedichte, die sein Stiefvater Knud Wollenberger während der Ehe geschrieben hat, Verdacht schöpfen können, wenn sie sie genauer gelesen hätte. Obwohl Vera Lengsfeld ein Mensch ist, der nach eigener Aussage nicht zum Grübeln neigt, hat sie selbst auch immer wieder darüber nachgedacht, ob es nicht Anzeichen für den Verrat gab. Doch sie sieht das anders als ihr ältester Sohn: »Für mich ist das eine Sicht, die nur im Nachhinein möglich ist.«

Dieses »Nachhinein« hatte Ende des Jahres 1991 mit der bitteren Erkenntnis des Verrats begonnen. »Natürlich wollte ich jetzt alles wissen und alles verstehen. Und natürlich habe ich zuerst meinen Noch-Ehemann gefragt, warum er sich so verhalten hat.« Knud Wollenberger hat ihr zunächst nur ganz allgemein geantwortet, er habe als Spross einer jüdischen Familie alles zum Erhalt des Staates DDR tun wollen. Die DDR sei für ihn die Antwort auf Auschwitz gewesen. »Diese Erklärung konnte mir nicht reichen. Es blieb mir also nichts anderes übrig, als nach der wirklichen suchen«, meint Vera Lengsfeld heute. 1992 sei sie deshalb einen ganzen Sommer lang in Klausur gegangen. »Ich habe jedes Blatt meiner Akte gelesen und hoch und runter darüber nachgedacht. In dieser Situation musste ich einfach allen Mut zusammennehmen und der Wahrheit ins Auge schauen.« Im Anschluss daran hat sie das Buch *Virus der Heuchler* geschrieben. »Danach war das Thema für mich erledigt. Ich habe mir gesagt: Ich muss mich damit abfinden, dass im Leben Dinge vorkommen, für die es keine Erklärung gibt.« Erst sehr viel später hat sich der Mann, von dem sie zu diesem Zeitpunkt längst geschieden war, in einem Brief ausdrücklich bei ihr entschuldigt. »Auch er hat nach der Enttarnung verschiedene Phasen durchlaufen, die aber keinen etwas angehen.«

In ihrem Buch schreibt Vera Lengsfeld auch über die Rolle, die die Parkinson-Erkrankung Wollenbergers für ihre Haltung ihm gegenüber spielte: »Seine Krankheit brach meine Versteinerung ihm gegenüber auf. Er war ein Stasi-Spitzel gewesen, jetzt war er der hilfsbedürftige Vater meiner Kinder. Dass ich ihm verzieh, war für mich keine Frage.« Mitleid mag dabei eine

Rolle spielen. Im persönlichen Gespräch betont sie aber, dass der Brief mit der Entschuldigung schon bei ihr ankam, bevor sie von der Krankheit wusste. Welche Rolle hat die Entschuldigung also für sie gespielt? Eine ganz entscheidende, daran lässt meine Gesprächspartnerin keinen Zweifel. »Verzeihen ist ohne Reue nicht möglich. Man kann niemandem verzeihen, der denkt, er habe alles richtig gemacht.« Zuerst komme die Einsicht, die mit Reue einhergeht, dann das Verzeihen. Und das gilt für die CDU-Politikerin nicht nur im Privaten: »Die öffentliche Diskussion über Stasi-Leute, denen man nun endlich einmal verzeihen müsse, weil ja schon so viel Zeit vergangen sei, ist deshalb einfach lächerlich. Es gibt Maßstäbe, die gelten überall. Wo kämen wir denn hin, wenn wir in der Politik von diesen Maßstäben abstrahieren würden?«

Wirklich verziehen hat Vera Lengsfeld ihrem Ex-Mann erst viel später, nach etlichen Jahren. In der Zwischenzeit ging das Leben weiter. Fragt man sie, was ihr dabei geholfen hat, von Tag zu Tag weiterzumachen, dann fällt ein großes Wort, das ein wenig altmodisch, auf jeden Fall aber reichlich preußisch erscheinen mag: Haltung. »Es ist immer gut, egal wie, Haltung zu bewahren, sich nicht fallenzulassen. Das stärkt einen und hilft einem nach meiner Erfahrung gut durchs Leben.« Eines wollte Vera Lengsfeld nach der Enttarnung ihres Ex-Mannes auf keinen Fall: Sich als »Stasi-Opfer vom Dienst« anbieten. Das hätte ihr sicher zunächst ein beträchtliches Maß an öffentlichen und medialen Streicheleinheiten eingebracht. »Doch es tut keinem Menschen seelisch gut, sich in eine Opferrolle zu begeben.« Schon deshalb nicht, weil man anderen die Macht gibt. Indem man das, was sie einem angetan haben, immer weiter mit sich herumschleppt. »Wer nicht von solchen schlimmen Erlebnissen loskommt, läuft schließlich Gefahr, sie zur bestimmenden Komponente seines Lebens zu machen.« In diesem Punkt macht Vera Lengsfeld einen ausgesprochen resoluten Eindruck, als wolle sie sagen: Mit mir nicht! Zuviel der Ehre für den Täter!

Haltung soll davor schützen, auch indem sie vor Selbstmitleid bewahrt. »In bestimmten Situationen in Selbstmitleid zu verfallen, ist der größte Fehler, den man machen kann.« Haltung ist etwas anderes als Vergessen und Verdrängen. Vera Lengsfeld wirkt am Theaterprojekt *Staats-Sicherheiten* mit, das auf Initiative von Lea Rosh für das Hans Otto Theater Potsdam entwickelt wurde. Einmal im Monat steht sie dort auf der Bühne, als eines von »15 Schicksalen aus dem Gefängnis«. Sie selbst hat im Jahr 1988 einen Monat im Staatsgefängnis Hohenschönhausen verbracht, wurde danach in den Westen abgeschoben und hat kurz vor der Wende ein Jahr in Cambridge studiert. Bei der Theaterarbeit hat sie jüngere Menschen kennengelernt, die länger in Haft waren, schwerer davon loskommen, schon jahrelang in Therapie sind. Auch sie erzählen auf der Bühne ihre Geschichten. Einer von ihnen war mit 19 für knapp ein Jahr in Hohenschönhausen. »Er ist dann ausgereist, hat sein Leben gelebt, es ging ihm gut«, so erzählt sie. »Eines Tages, zehn Jahre später, er arbeitet inzwischen im KaDeWe in der Zigarren-Abteilung, da hat er seinen ehemaligen Vernehmer als Kunden. Der kauft Zigarren für mehrere hundert Mark. ›Kennen wir uns nicht? Waren Sie nicht Vernehmer in Hohenschönhausen?‹, fragt er den Mann. ›Und wollen Sie sich nicht bei mir entschuldigen?‹ Da ist der ehemalige Vernehmer ihm doof gekommen und hat gesagt: ›Dazu sehe ich überhaupt keinen Grund. Sie sind ein kriminelles Element.‹ Darauf hat der junge Mann mit einem Zusammenbruch reagiert – mit zehn Jahren Verzögerung. Und von diesem Zusammenbruch hat er sich immer noch nicht wirklich erholt.«

So wie Vera Lengsfeld das erzählt, schwingt deutlich eine Art mütterliches Mitgefühl mit diesem jüngeren Mann mit, den sie beim Theaterprojekt kennen und schätzen gelernt hat. Es ist aber auch klar zu erkennen, dass es für sie nicht konstruktiv ist, wenn ein Mensch sich selbst zu ausgiebig und anhaltend mit einer schlimmen Vergangenheit konfrontiert. Auch wenn das im Rahmen einer Behandlung geschieht. »Psychotherapien sind wichtig, aber Therapien, die über Jahrzehnte dauern, sind meiner Ansicht nach keine Behandlungen mehr, sondern selbst eine Krankheit.« Sie ermuntert deshalb andere immer wieder, aus der Rolle des »Opfers« herauszufinden. Und zu registrieren, dass sie in Wirklichkeit schon viel weiter sind, dass es ihnen eigentlich inzwischen wieder ganz gut geht.

Auch in dieser Hinsicht ist sie um ein Beispiel nicht verlegen. Sie berichtet von einem erfolgreichen Geschäftsmann, der während ihrer Zeit als Bundestagsabgeordnete zu ihr in die Sprechstunde kam. »Ihm lag auf der Seele, dass 20 Jahre vorher, Mitte der 70er Jahre, ihn jemand vom Rat des Kreises als ›kriminelles Element‹ bezeichnet hatte. Doch zu diesem Zeitpunkt gab es den Rat des Kreises nicht mehr, der Mann, der ihn beschimpft hatte, war längst nicht mehr in seiner Position, der Geschäftsmann hatte ein erfolgreiches Leben geführt. Diese Dinge waren inzwischen völlig irrelevant geworden, er musste niemandem mehr etwas beweisen. Ich habe ihm gesagt, er müsse die Geschichte vergessen, um sich selbst nicht zu schädigen!«

Nicht dass Vera Lengsfeld meinen würde, der Geschäftsmann oder ihr Theaterfreund sollten den Tätern verzeihen – dazu würde ihrer festen Überzeugung nach eine Entschuldigung, ein Zeichen von Reue und Einsicht gehören. »Doch auch ohne zu verzeihen kann man aus der Opferrolle herausfinden.«

Den Menschen, die »15 Schicksale aus dem Gefängnis« auf die Bühne bringen, kann bei diesem Prozess der Befreiung auch die Erfahrung helfen, als »Opfer« nicht allein dazustehen. Hinter ihren schlimmen Erlebnissen stand ein System, unter dem eine große Gruppe von Menschen zu leiden hatte. »Das Besondere an meiner persönlichen Geschichte ist da nur, dass sie zwei Seiten hat: eine öffentliche und eine private.« Beide Ebenen zu trennen habe sie viel Kraft gekostet, sagt Vera Lengsfeld heute. Möglicherweise hat es ihr aber auch geholfen, mehr analytischen Abstand zu den Geschehnissen zu gewinnen. Jedenfalls fällt auf, dass sie versucht, ihre Geschichte »einzuordnen«. Dabei habe sie festgestellt, dass es andere viel schwerer getroffen hat. Sie meint damit alle, die erst beim Studium ihrer Stasi-Akte feststellten, welche Verwandten und engen Freunde auf sie angesetzt waren. Diese Menschen hatten es gleich mit mehreren Tätern zu tun.

Sie kritisiert, dass man heute dazu neige, einzelne Personen zu verteufeln, die als Inoffizieller Mitarbeiter (IM) tätig waren, statt zuerst das System Staatssicherheit an den Pranger zu stellen. Für Vera Lengsfeld ist es wichtig, auch die Täter als Teil dieses Systems zu sehen. »Immer wieder werde ich gefragt, ob ich Menschen überhaupt noch vertrauen kann. Dabei ist mein Vertrauen in die Menschen nach wie vor unerschüttert. Es ist dieses System, dem ich nie getraut habe, dem ich das Schlimmste zugetraut habe. Und ich sehe das, was mir zugestoßen ist, als Folge dieses Systems.«

Als mildernden Umstand für die Täter möchte sie das nicht betrachtet wissen. »Niemand war schließlich gezwungen, da mitzumachen, man konnte es ablehnen, und es gab Menschen, die das geschafft haben.« Doch sie versucht mit dieser analytischen Betrachtungsweise, auch ihrem Ex-Mann gegenüber gerecht zu sein. »Er war immerhin einer der wenigen Stasi-Spitzel, die ihre Tätigkeit eingestanden haben. Diese Ehrlichkeit schadet ihm heute, während die Stasi-Leute, die weiterhin alles leugnen, ehrenvolle Positionen bekleiden.« Sie möchte nicht dazu beitragen, Knud Wollenberger als »Sündenbock« aufzubauen. Dazu kommt, dass sie genug Grund hat, auch mit anderen Personen zu hadern, die im Zeitraum seiner Enttarnung eine unrühmliche Rolle gespielt haben: Zum Beispiel der Journalist und ehemalige Studienfreund, der ihr im Dezember 1991 erst am Vortag mitteilte, was am nächsten Tag in seinem Blatt stehen werde. Und dass diese sensationelle Enthüllung wohl zur Niederlegung ihres Bundestags-Mandats führen müsse. »Ihm kann und will ich nicht verzeihen, obwohl er mich später formal um Entschuldigung gebeten hat.«

Anders ist das mit einem Mann, der einem Freund ihres Sohnes Philipp möglicherweise zuerst einen Hinweis auf Wollenbergers IM-Tätigkeit gegeben hatte. Dem wollte sie zusammen mit ihrem Sohn nachgehen, wodurch sie vielleicht wertvolle Zeit hätte gewinnen können. Doch ihre Nachfrage bei diesem Bekannten lief ins Leere. »Ihm habe ich inzwischen verziehen, obwohl wir nie wirklich darüber gesprochen haben, dass er mich damals so hat auflaufen lassen. Aber er hat sich sozusagen nonverbal entschuldigt. Er tauchte irgendwann zu meinem Geburtstag mit einem Buch auf. Es war zu verstehen, was er meinte.«

Ihre Weigerung, ihren Ex-Mann ganz und gar zu verurteilen, ihre Bereitschaft, ihm auf seinen Entschuldigungsbrief hin zu verzeihen, ihr Versuch, den Qualitäten gerecht zu werden, die er im Verlauf ihrer Ehe gezeigt hatte – all das könnte man auch als das Bemühen verstehen, die Vergangenheit, einen unabänderlichen, seinerzeit auch als glücklich durchlebten Abschnitt des eigenen Lebens nicht rückwirkend zu entwerten. Es ist allerdings eine Gratwanderung. Hilft ihr dabei, dass sie als studierte Philosophin gewissermaßen eine »professionelle Denkerin« ist, gewöhnt daran, eigenständig geistige Positionen zu finden und zu verteidigen? Vera Lengsfeld macht eine lange Pause, bevor sie diese Frage beantwortet. Ganz so, als kämpfe in ihr die Angst, zu pathetisch zu wirken, mit dem Bedürfnis, möglichst rückhaltlos das eigene Empfinden in Worte zu fassen. »Na ja«, sagt sie schließlich und spricht zunächst zögernd von der Einsicht in die Einmaligkeit der menschlichen Existenz, die sie vielleicht der Philosophie verdanke. Schließlich wird daraus eine richtige kleine Rede: »Es gibt nichts Höheres. Wenn man überhaupt ins Dasein gekommen ist, dann hat man doch ein Riesenglück gehabt, das ist ja im Verhältnis zu allen anderen Möglichkeiten ein Sechser im Lotto mit Zusatzzahl! Es ist ein Privileg zu leben, mitmachen zu können und zu Selbstbewusstsein zu gelangen. Das sollte man tunlichst nicht wegwerfen.« Dass diese ebenso großen wie einfachen Worte ziemlich überzeugend klingen, hat ganz bestimmt auch wieder mit Vera Lengsfelds Naturell zu tun.

Resümee

»Ich kann mir nicht vorstellen, dass ich das jemals verzeihen kann.« Mit diesem Satz beginnen viele Paartherapien, wie Monika Häußermann und Gerd Jakubowski berichten. Die Frauen und Männer, die zu ihnen kommen, möchten allerdings nicht an diesem Punkt stehen bleiben. Sie möchten für sich klären, ob und unter welchen Bedingungen ihre Beziehung noch eine Zukunft hat, deshalb suchen sie professionelle Hilfe. Ganz häufig wurde einer der beiden Partner betrogen und hintergangen und fühlt sich wie das »Opfer«. Wut ist eine der klassischen Reaktionen, aber auch Trauer um eine Beziehung, die es so nicht mehr geben wird. Durch das große Mitgefühl nahestehender Menschen hat die Rolle des »Opfers« auch etwas Verlockendes. Sich darin auf Dauer einzurichten, ist jedoch gefährlich. »Es tut keinem Menschen seelisch gut, sich in eine ›Opferrolle‹ zu begeben«, sagt Vera Lengsfeld. Stattdessen komme es darauf an, sich nicht unterkriegen zu lassen und nach vorn zu schauen. Die Frage ist, ob man das weiterhin als Paar oder künftig allein macht. Sie stellt sich anders, schärfer als etwa in familiären Beziehungen oder bei kollegialen Kontakten. In unserer Gesellschaft sucht man sich den Partner für gewöhnlich selbst aus, man ist daher auch frei, die Beziehung wieder zu beenden. Zumindest leben heute die meisten Menschen in diesem Bewusstsein, obwohl es natürlich vielerlei Rücksichten gibt, die diese Freiheit einschränken. Doch grundsätzlich stellen wir an diese Form der Beziehung besonders hohe Anforderungen. Daher prüfen wir genau, ob und was wir unter welchen Bedingungen wie oft verzeihen können.

Wer einen Vertrauensbruch verzeiht, muss diesen Schritt nicht zuletzt auch sich selbst verzeihen: Stolz, persönliche Würde und Selbstachtung sprechen auf den ersten Blick dagegen. Dabei kann es helfen, sich die eigenen Anteile am Geschehen bewusst zu machen. Ein Seitensprung ist eine Chance, die Beziehung wieder etwas genauer zu betrachten, achtsamer zu sein und auch »jenseits des Paradieses« einiges besser machen zu wollen, betonen die Paartherapeuten. »Es lohnt sich immer zu kämpfen«, meint Aline B. In ihrem Fall haben das beide Partner getan, und sie haben wieder zueinander gefunden.

Vera Lengsfeld hat ohne Selbstmitleid nach vorn geschaut und ist allein ihren Weg gegangen. Sie ist überzeugt, dass man nicht alles verstehen muss, um verzeihen zu können. Aber sie konnte ihrem Ex-Mann nur verzeihen, weil sie eine Entschuldigung von ihm erhielt und Reue spürte.

Stefanie Eid sieht das anders, sie meint: »Wer auf eine Entschuldigung wartet, über den behält der andere weiterhin Macht.« Es hat ihr beim Vergeben geholfen, dass sie ihren Ex-Freund, der sie mit HIV infiziert hatte, ein Stück weit auch als »Opfer« betrachten konnte, weil er selbst krank ist.

Ihr Beispiel und das von Vera Lengsfeld zeigen: Menschen können selbst einem früheren Partner gegenüber, der ihnen massiv geschadet hat, im Lauf der Jahre zu einer wohlwollenden Haltung gelangen. Und genau das wird sie mit großer Wahrscheinlichkeit stärker und zufriedener machen. Nicht zuletzt deshalb, weil sie auf diese Art auch sich selbst verzeihen können, dass sie ausgerechnet diesen Menschen einmal geliebt haben. Sich selbst verzeihen, das bedeutet hier: Aufhören, sich vorzuwerfen, dass man auf einen solchen Lügner und Betrüger »hereinfallen« konnte. Statt dessen ein Stück weit verstehen, wie es dazu kommen konnte: Wie die eigenen Lebensumstände damals waren und welche liebenswerten Seiten der Ex-Partner trotz allem hat. Und dass Menschen verschieden sind, manchmal auch zu verschieden, um gut miteinander leben zu können.

Dana P. musste sich selbst etwas ganz anderes verzeihen: Dass sie einen Mann geheiratet hat, für den sie zwar anfangs große Bewunderung, auf die Dauer aber nicht genug Liebe und Leidenschaft empfand. Und dass sie ihn verletzen musste, indem sie sich von ihm trennte. Heute ist das Verhältnis zu ihrem Ex-Mann recht entspannt, von beiden Seiten. Und das hat sicher auch mit dem inneren Frieden zu tun, den der nachsichtige Umgang mit der jungen Frau, die sie selbst einmal war, ihr persönlich ermöglicht hat. Die Handlungen dieser jungen Frau – die Heirat und die Trennung – liegen inzwischen Jahrzehnte zurück. Ob es möglich und sinnvoll ist, mit der Vergangenheit endgültig abzuschließen, bleibt nach wie vor eine Frage. Viel wichtiger ist es, sich selbst und dem Partner verzeihen zu können. Nur so ist es möglich, Liebesbeziehungen auf eine gemeinsame Zukunft auszurichten – ob nun die alte oder eine neue.

Auf Gedeih statt auf Verderb: Versöhnliches Leben in Gemeinschaften

»Alles verstehen heißt alles verzeihen.«
Madame de Staël

Hannah Arendt und die Philosophie des Verzeihens

»Das Heilmittel gegen Unwiderruflichkeit – dagegen, dass man Getanes nicht rückgängig machen kann, obwohl man nicht wusste und nicht wissen konnte, was man tat – liegt in der menschlichen Fähigkeit zu verzeihen«, schreibt die Philosophin Hannah Arendt. In ihrem dicken und ausgesprochen politischen Buch *Vita activa* hat sie dem Thema ein ganzes Kapitel gewidmet. Dieses Kapitel trägt einen wunderbaren Titel: »Die Unwiderruflichkeit des Getanen und die Macht zu verzeihen«.

Könnten wir einander nicht verzeihen und auch nie Vergebung erlangen, so meint Arendt, dann wäre unser Handeln extrem eingeschränkt – schlimmstenfalls würden uns die Konsequenzen einer einzigen Tat unser Leben lang verfolgen. Es gäbe keine Fehler ohne bleibende Folgen. Die Angst davor könnte uns handlungsunfähig machen. Dabei seien die meisten Verfehlungen klein und geschähen unabsichtlich. »Dass jemand das Böse direkt will, ist selten.« Doch das gesellschaftliche Leben käme zum Erliegen, »wenn Menschen sich nicht ständig gegenseitig von den Folgen dessen befreien würden, was sie getan haben, ohne zu wissen, was sie tun«. Das Gegenstück zum Verzeihen ist in Arendts Augen die Rache, »welche in der Form der Re-aktion handelt und daher an die ursprüngliche, verfehlende Handlung gebunden bleibt, um im Verlauf des eigenen re-agierenden Tuns die Kettenreaktion, die ohnehin jedem Handeln potentiell innewohnt, ausdrücklich virulent zu machen und in eine Zukunft zu treiben, in der alle Beteiligten, gleichsam an die Kette einer einzigen Tat gelegt, nur noch re-agieren, aber nicht mehr agieren können«. Ein Bild der Unfreiheit. Verzeihen hat dagegen mit

Freiheit zu tun, für Arendt eines der höchsten Güter: »Verzeihen ist die einzige Reaktion, auf die man nicht gefasst sein kann, die unerwartet ist, und die daher, wiewohl ein Reagieren, selber ein dem ursprünglichen Handeln ebenbürtiges Tun ist. Weil das Verzeihen ein Handeln eigener und eigenständiger Art ist, das zwar von einem Vergangenen provoziert, aber von ihm nicht bedingt ist, kann es von den Folgen dieser Vergangenheit sowohl denjenigen befreien, der verzeiht, wie den, dem verziehen wird.«

Um sich beim Verzeihen frei zu fühlen, muss der Mensch aber auch die Freiheit haben, es bleiben zu lassen. »Es gehört zu den elementaren Gegebenheiten im Bereich der menschlichen Angelegenheiten, dass wir außerstande sind zu verzeihen, wo uns nicht die Wahl gelassen ist, uns auch anders zu verhalten und gegebenenfalls zu bestrafen.« Wenn wir aber verzeihen, dann steht nach Arendts Überzeugung nicht die Tat, die Schuld, im Mittelpunkt, sondern der Täter, der Schuldige. »Das Vergeben bezieht sich nur auf die Person und niemals auf die Sache, und es kann daher auch objektiv ungerecht sein.«

Ein Gegenstück zum Verzeihen, das auf die Vergangenheit gerichtet ist, sieht Arendt im Versprechen, ohne das es keinen zuversichtlichen Blick in die Zukunft geben kann. Versprechen sind in den Augen der Philosophin »Heilmittel gegen die Unabsehbarkeit – und damit gegen die chaotische Ungewissheit alles Zukünftigen«. Wer nicht imstande sei, ein Versprechen zu geben, habe streng genommen keine Identität, sei »hilflos der Dunkelheit des menschlichen Herzens, seinen Zweideutigkeiten und Widersprüchen, ausgeliefert«.

Ohne die beiden menschlichen Fähigkeiten Verzeihen und Versprechen gebe es schließlich kein wirkliches Handeln. »Diese beiden Fähigkeiten gehören zusammen, insofern die eine sich auf die Vergangenheit bezieht und ein Geschehenes rückgängig macht, dessen ›Sünde‹ sonst, dem Schwert des Damokles gleich, über jeder neuen Generation hängen und sie schließlich unter sich begraben müsste; während die andere ein Bevorstehendes wie einen Wegweiser in die Zukunft aufrichtet, in der ohne die bindenden Versprechen, welche wie Inseln der Sicherheit von den Menschen in das drohende Meer der Ungewissheit geworfen werden, noch nicht einmal irgendeine Kontinuität menschlicher Beziehungen möglich wäre, von Beständigkeit und Treue ganz zu schweigen.«

Eine scharfsinnige und zugleich lebenskluge Analyse, geschrieben im Jahr 1958, die heute zu Unrecht etwas in Vergessenheit geraten ist – auch unter Wissenschaftlern, die sich mit dem Verzeihen beschäftigen. Spötter können natürlich einwenden, dass die beiden Fähigkeiten Versprechen und Verzeihen auch deshalb zusammengehören, weil nichts so häufig Anlass zum Verzeihen gibt wie gebrochene Versprechen. Neben den Paarbeziehungen ist das Feld der Politik der Hauptlieferant treffender Beispiele. Vor der Wahl versprochen – nach der Wahl gebrochen. Mag sein, dass Wähler und Wählerinnen für die Versprechen ihrer Abgeordneten meist ein schlechteres Gedächtnis haben als Männer und Frauen für die Versprechen ihrer Liebsten. Man könnte den Eindruck haben, dass in beiden Feldern, in der Liebe wie der Politik, die Versprechen heute häufiger gebrochen werden als in früheren Generationen. Könnte es sein, dass das Verzeihen auch deshalb zum drängenden Thema wird?

Für die Sozialphilosophin Hannah Arendt ist es eine Fähigkeit, die nur in Gemeinschaften zum Tragen kommt. Beide, das Verzeihen und das Versprechen, setzen ihrer Ansicht nach die Anwesenheit anderer Menschen voraus. »Denn niemand kann sich selbst verzeihen, und niemand kann sich durch ein Versprechen gebunden fühlen, das er nur sich selbst gegeben hat. Versprechen, die ich mir selbst gebe, und ein Verzeihen, das ich mir selbst gewähre, sind unverbindlich wie Gesten vor einem Spiegel.« Das heißt für sie allerdings nicht, dass wir uns nicht doch viele Dinge selbst nachsehen könnten – allerdings nur vor dem Hintergrund einer menschlichen Werte- und Verzeihens-Gemeinschaft, deren Mitglieder wir sind und deren Maßstäbe wir im Kopf haben, wenn wir uns selbst verzeihen. Und die uns unsere Individualität verleiht. »Gäbe es nicht eine Mitwelt, die unsere Schuld vergibt, wie wir unseren Schuldigern vergeben, könnten auch wir uns kein Vergehen und keine Verfehlung verzeihen, weil uns, eingeschlossen in uns selber, die Person mangeln würde, die mehr ist als das Unrecht, das sie beging.« Höchste Zeit also, sich dem Verzeihen in Politik, Gesellschaft und Religion zu widmen.

Pardon und Politik

»Verzeihen gibt es in der Politik nur da, wo gemeinsame Ziele und Werte erkennbar sind«

Ein Gespräch mit dem Psychologen und Politologen Thomas Kliche von der Universität Hamburg über Vorwürfe, Versöhnung und Verzeihen in der Politik

Was kränkende Ereignisse aus allen Lebensbereichen miteinander verbindet, ist, dass sie nicht mehr rückgängig zu machen sind. Sie können allenfalls beredet und bearbeitet werden. Der »Täter« kann versuchen, sein Verhalten zu erklären, er kann unbeabsichtigte Verletzungen bereuen, er kann um Entschuldigung bitten. Das »Opfer« kann versuchen zu verstehen und zu verzeihen. Bestenfalls können beide die Vergangenheit ein Stück weit hinter sich lassen, da, wo sie streng genommen ja ohnehin schon liegt.

»Opfer« – »Täter«. Bisher habe ich die Begriffe bewusst in Anführungszeichen gesetzt. In dem Bewusstsein, dass beide Seiten einen gewissen Anteil an dem Geschehen haben. Es ist sinnvoll, wenn die Verletzten sich fragen, was sie selbst zur Zuspitzung der Situation beigetragen haben könnten. Vor allem im Politischen gibt es jedoch Fälle, in denen die Aufforderung, endlich die »Opferrolle« aufzugeben, als unerträgliche Verharmlosung von Taten erscheinen könnte. Entsprechend deutlich muss die Bitte um Entschuldigung ausfallen, wenn sie für ganze Völker oder Opfergruppen »annehmbar« ausfallen soll.

Mit der großen symbolischen Geste des Kniefalls hat das Willy Brandt in Warschau 1972 deutlich gemacht und zugleich Maßstäbe gesetzt. Die Haltung der Demut war nonverbal und allgemein verständlich. Eine Bitte um Entschuldigung in Worten vorzubringen, kann weit komplizierter sein. Ein Beispiel ist das Schriftstück, mit dem das serbische Parlament die Angehörigen der rund 8000 Ermordeten von Srebrenica um Verzeihung bittet. Wenn Angehörige verschiedener Parteien sich auf Formulierungen einigen müssen, droht immer Verwässerung.

Doch dass sie sich einigen, ist die Voraussetzung dafür, dass der Prozess der Versöhnung überhaupt in Gang kommt.

Manchmal ist der Anlass für Vergebung in der Politik um einiges banaler und kann dennoch zu Rücktrittsforderungen führen. Wer erinnert sich noch? Als die ehemalige Bundesgesundheitsministerin Ulla Schmidt im Sommer 2009 zeitweilig in Erklärungsnöte geriet, weil sie mit ihrem Dienstwagen in den Urlaub nach Spanien gefahren war, wo sie auch einige berufliche Termine zu absolvieren hatte, war Thomas Kliche ein begehrter Gesprächspartner in der Medienwelt. Schließlich beschäftigt sich der Wissenschaftler von der Uni Hamburg seit Jahren mit den psychologischen Mechanismen, die im Verhältnis zwischen Politikern und Öffentlichkeit eine Rolle spielen. Worum ging es in diesem Fall? Um Politik und Psychologie, um Handlungen, deren Berechtigung strittig war, um eine Politikerin in Wahlkampfzeiten, um Vorwürfe, Erklärungen, Bitten um Verständnis, die Notwendigkeit von Entschuldigungen. Und nicht zuletzt um die Bereitschaft der Bürger, einen möglichen Fehltritt der Ministerin zu verzeihen. »Öffentliche Verzeihung ist irrational, sie ist also für einen Politiker nicht zu steuern«, hat Kliche damals in einem Interview mit dem Berliner *Tagesspiegel* gesagt. Ein Satz, der mich neugierig gemacht hat. Über die Gesetze, die beim öffentlichen Verzeihen gelten, möchte ich jetzt mit dem Psychologen sprechen. Auf welche Art können sich Politiker persönlich schuldig machen? Wann und unter welchen Bedingungen kann ihnen das in einer Demokratie verziehen werden? »Es gibt unterschiedliche Arten von Schuld, die Politiker im Bewusstsein der Allgemeinheit auf sich laden«, sagt Kliche. Eine Dienstwagenaffäre werde eher als lässliche Sünde wahrgenommen, sie verursache allenfalls einen »Sturm im Wasserglas«, auch wenn sie zum Rücktritt und zur bleibenden Etikettierung eines Politikers führen kann. »Sehr erfreulich ist, dass auch private Enthüllungen heute glücklicherweise keine große Erregung mehr auslösen. Dass ein verheirateter Politiker eine Geliebte hat, nehmen die Bürger inzwischen gelassen.« Andere Verfehlungen sind so stark an eine Person gebunden, dass sie mit deren Ausscheiden aus dem Dienst sofort vergessen sind. Geht es um persönliche Ehrlichkeit, wie bei den Skandalen um Plagiate in Doktorarbeiten von Spitzenpolitikern, dann fällt das Vergessen allerdings nicht so leicht. Eine mögliche Täuschungsabsicht wirkt sich nicht allein auf das Ansehen in der akademischen Welt aus – auch der Wähler kann sie als unverzeihlich empfinden.

Etwas anders sehe das mit Fehlern aus, an die der Bürger langfristig im eigenen Leben erinnert wird: »›Die Rente ist sicher‹, das hat Norbert Blüm als Bundesarbeitsminister jahrelang wiederholt. Jeder merkt nach Jahren, wie sehr er aufs Glatteis geführt wurde. Und wie sehr er sich hat vorführen lassen.«

Wieder anders sieht es bei den großen Vertrauensbrüchen aus. »Sie haben Folgen, ohne dass die Menschen es unbedingt merken.« Dazu gehören Parteispendenaffären: »Sie sind mitverantwortlich für die viel beklagte Politikverdrossenheit. Durch solche Affären ist das Vertrauen in die gewählten Eliten stetig und in dramatischem Umfang zurückgegangen. Die Menschen fühlen sich verraten.« Es gebe so etwas wie ein historisches Gedächtnis, das allerdings unbewusst funktioniere, vermutet Kliche. »In diesem Gedächtnis werden Erfahrungen emotional zusammengefasst. Das hat einen kumulativen Charakter und macht die Versöhnung schwer.« Auch deshalb, weil das persönliche Gegenüber fehlt, mit dessen Verhalten man sich aussöhnen könnte. Das Sündenregister, in dem die Vergehen festgehalten werden, wird ja sozusagen kollektiv geführt, alle Fehler gehen auf ein Konto: Kommt wieder ein Fall von Privilegienmissbrauch ans Tageslicht, dann fühlt man sich in der schlechten Meinung über »alle« Politiker bestätigt. Politik wird als »schmutziges Geschäft« wahrgenommen. »Das sind keine rationalen Muster, aber sie haben erheblichen Anteil daran, wenn die Menschen sich aus dem politischen Prozess zurückziehen.«

Der diffuse Verlust von Vertrauen und Glaubwürdigkeit hat in Kliches Augen bedrohliche Ausmaße angenommen. »Wir haben inzwischen in Deutschland Mehrheiten, die die Marktwirtschaft, den Kapitalismus ablehnen. Und wir haben Mehrheiten, die die repräsentative Demokratie in Zweifel ziehen.

Diese Nichtversöhnung mit den derzeitigen politischen Verhältnissen ist nicht zu unterschätzen.«

Könnte ein neuer Politikstil Abhilfe schaffen? Nützt es, wenn politische Amtsträger sich zeitnah und gewissermaßen »freiwillig«, ohne unter Druck zu stehen, bei ihren Wählern für ein Fehlverhalten entschuldigen? Der amerikanische Präsident Barack Obama macht es vor. »Das wirkt zunächst wie ein erfreulicher Stilbruch, man nimmt es als Zeichen größerer Ehrlichkeit«, erläutert Kliche. Er ist jedoch überzeugt davon, dass dieser Effekt sich abnutzen kann. »Was die Bürger nicht verzeihen können, ist Misserfolg. Obama wird das deshalb ein oder zwei Jahre lang machen können. Danach wird man sagen: Das ist der Typ, der dauernd Fehler macht.«

Einem netten, ehrlichen »Mann von nebenan« kleine Pannen nachzusehen, ist das eine. Ein gutes Verhältnis des Bürgers zu den gewählten Volksvertretern setzt aber offensichtlich auch Vertrauen in die Zukunft voraus. Die Zuversicht, dass er oder sie genug Power und Standfestigkeit hat, um Projekte zu realisieren und Versprechen einzuhalten: »Yes, he can.«

Da allerdings gebe es ein weiteres Problem, warnt der Psychologe. »Wir haben inzwischen eine Politik, der mehr Macht und Einfluss zugeschrieben wird, als sie tatsächlich besitzt. Denn in Wirklichkeit muss sie den Wähler und vor allem die Medien massiv umwerben, nur so hat sie eine Chance, die Leute wieder einzufangen. Wenn ein Politiker keinen anderen Ausweg mehr weiß, wird er versuchen, eine Art Bückling zu machen, um damit dem Wähler das Gefühl zu geben, respektiert zu sein.«

Die »Mechanik politischer Skandale« gehorche unter diesen Umständen den Gesetzmäßigkeiten, die Sozialpsychologen unter dem Stichwort »assertive Selbstdarstellung« (vom englischen »to assert«, behaupten, sich behaupten) kennen. Damit ist eine Art Kommunikationstreppe gemeint, die Menschen normalerweise »besteigen« müssen, wenn sie bei einem Bruch von Normen oder Werten erwischt werden. In den Grundzügen kennen wir diese Kommunikation in Stufen, von der der Psychologe hier spricht, schon vom Thema Untreue in Paarbeziehungen, und sie wird uns auch weiterhin durch dieses Buch begleiten. Auf dem Feld der Politik ist der klassische Ablauf dieser Kommunikation in Stufen besonders beispielhaft zu besichtigen. Am Anfang steht das Abstreiten der Tatsachen: Die Vorwürfe würden keineswegs stimmen, ist zunächst zu hören. »In der nächsten Stufe gibt man zwar zu, dass an den Vorwürfen doch etwas dran ist. Aber kurz darauf wird todsicher behauptet, dass durch die Handlung eigentlich kein Schaden angerichtet worden sei, und wenn doch, dann absolut unbeabsichtigt.« In diesem Stadium werde sogar gern auf die guten Auswirkungen der Handlung hingewiesen – was bei vielen privaten Normüberschreitungen schwer möglich ist. »Doch Politiker argumentieren gern, sie hätten mit Blick auf das Allgemeinwohl gehandelt.« Erst ganz zum Schluss, wenn das alles nicht mehr ausreiche, komme das formelle Eingeständnis, einen Fehler gemacht zu haben. »Man gibt den Kritikern Recht und verspricht, so etwas nie wieder zu tun.« Dass es auch anders geht, hat im Februar 2010 eine Person des öffentlichen Lebens vorgemacht: Margot Käßmann ist einen Tag, nachdem publik geworden war, dass sie mit 1,54 Promille mit ihrem Dienstwagen über eine rote Ampel gefahren war, als Vorsitzende der Evangelischen Kirche in Deutschland (EKD) und Bischöfin zurückgetreten. Ihrem öffentlichen Ansehen haben das klare Bekenntnis zu ihrer Tat und der entschiedene Schritt mehr genützt als geschadet. Die Grundhaltung der Bevölkerung scheint in diesem Fall eher »verzeihlich« und bedauernd. Doch Käßmann ist nicht Politikerin, sondern als Theologin und Pfarrerin selbst »Expertin« für das Verzeihen. In ihren Predigten nutzt sie die Chance, über den Umgang mit persönlichen Schwächen zu sprechen.

Parteispendenaffären, Amigo-Wirtschaft, Milliardenverluste beim Verkauf von Banken, verbale Ausfälle gegenüber politischen Gegnern, Ausnutzen von Privilegien, Salami-Taktik beim Eingestehen des eigenen Fehlverhaltens: Wir haben darüber gesprochen, auf welchen Wegen sich diese unterschiedlichen Skandale und Skandälchen summieren und schließlich in die viel beschworene Politikverdrossenheit münden. Doch

Kliche liegt auch ein Beispiel am Herzen, das beweist: Es sind nach wie vor auch die genuin politischen Projekte, die das Zeug dazu haben, die »Macher« und ihre Basis nachhaltig zu entzweien. »Der SPD wird Hartz IV nicht verziehen«, sagt der Psychologe. »Wenn eine Partei oder ein Politiker die noch bestehenden emotionalen Verbindungen und Hoffnungen auf ein politisches Projekt verletzt oder zerstört, dann entsteht bei den Anhängern ein Gefühl von Verrat, das sehr schwer wieder auszuräumen ist.« Im konkreten Fall kamen wahrscheinlich die Medienberichte über den Namensgeber der Reform selbst noch hinzu: »Die Lage stellt sich doch für viele so dar: Ein Mitglied einer korrupten Vorstandsetage, das zu Bordellbesuchen nach Brasilien fliegt, wird Vorsitzender einer Kommission, die sich damit beschäftigt, arme Leute zu piesacken.« Doch auch ohne diesen personengebundenen Skandal habe Hartz IV bei vielen sozial Schwächeren ein Gefühl des Verrats ausgelöst, meint Kliche: Das Gefühl, von der Partei, die Sachwalterin ihrer Interessen sein sollte, massiv über den Tisch gezogen zu werden. Angst haben zu müssen, dass die eigene Existenz zugunsten einer Modernisierung des Staates aufs Spiel gesetzt werde. »Man kann darüber streiten, ob die Reformen gut kommuniziert wurden oder nicht. Klar ist jedoch, dass viele sich von ihrer Partei verraten fühlen und ihr das nicht verzeihen. Das ist der Kern des Niedergangs der SPD, und wenn sie dafür keine Lösung findet, wird er weitergehen.«

Kliche geht es, wenn er diesen Gedanken als politischer Psychologe äußert, nicht an erster Stelle um das Wohl und Wehe einer Volkspartei, die Wähler und Mitglieder einbüßt. Das Gefühl des Verraten-Werdens, das Nicht-verzeihen-Können, hat nämlich weitreichende Folgen: »Die Menschen wenden sich in dieser Situation ja nicht einer anderen Partei zu. Sie wenden sich von der gesamten Politik ab.« Auf die Dauer drohe dann eine nach-politische Ära, eine »Post-Demokratie«: »Man wählt Politiker nicht mehr, weil man etwas von ihnen erwartet, sondern wegen ihres Unterhaltungswerts, das beste Beispiel dafür ist Berlusconi.« Ein neuer Politikertyp, der sich für seine Vergehen nicht einmal mehr entschuldigen muss. »Er hat eine gewisse Narrenfreiheit. Seine Anhänger müssen ihm nicht verzeihen – sie sehen ihm einfach vieles nach, weil er ihre Gefühlserwartungen bedient.« Der Preis ist hoch: Denn Politik steht damit außerhalb der Sphäre des verantwortlichen Handelns. »Man hält sie für unberechenbar und unbeeinflussbar und die eigene Rolle darin für belanglos. Das aber ist eigentlich das Ende von Demokratie.«

So gesehen ist es ein gutes Zeichen, wenn Bürger wegen eines Themas wie Hartz IV ernsthaft mit ihrer angestammten Partei hadern. Doch was muss in einer solchen Lage geschehen, damit ein Neuanfang denkbar wird? Im konkreten Fall reiche das einfache Eingeständnis, einen Fehler gemacht zu haben, nicht aus, meint Kliche. »Eine Neuorientierung muss das glaubhaft machen und den Enttäuschten eine Perspektive vermitteln. Die Partei muss sich darauf besinnen, dass sie konkrete Ziele hat und im Verlauf ihrer Geschichte eine bestimmte Weltsicht entwickelt hat. Wenn es ihr nicht gelingt, diesen Zusammenhang wiederherzustellen, wird sie auch mit ihrem Gegenüber keinen Kontakt mehr aufnehmen können.«

Der Prozess von Streit und Versöhnung findet im privaten Bereich bei zwei Individuen statt – zwischen Ehepartnern, Kindern und Eltern oder Freunden. In der Politik hingegen bestehen die beiden Gegenüber aus der Partei und ihrer Führung auf der einen und einer Gruppe von Bürgern auf der anderen Seite. Nur da, wo beide im Prinzip ein weltanschauliches Profil verbinde, werde auch die emotionale Kommunikation möglich, meint der Psychologe. Und nur dann komme auch so etwas wie Verzeihen-Können ins Spiel. »Verzeihen ist ja im Prinzip eine Art emotionale Existenzbestimmung: Man versichert sich gegenseitig, dass man gemeinsame Ziele und Werte teilt. Auf dieser Basis gibt die eine Seite zu, dass sie etwas falsch gemacht hat.« Nur dann sei es möglich, die Fehler zu vergessen und in die Zukunft zu schauen, die man gemeinsam gestalten will. »Wenn man nicht sagen kann: ›Du bist mir so viel wert, dass ich mit dir weitermachen will‹, hat Verzeihen ja keinen Sinn.«

Mit den Wahrheitskommissionen der 90er Jahre in Südafrika und den Volksgerichten in Ruanda/Burundi hat es solche

Bemühungen um Versöhnung und Neuanfang auf nationaler Ebene gegeben. »Zentral war, dass die Menschen sich hier auf eine gemeinsame Wahrheit geeinigt haben.« Auch die neueren Entwicklungen in Brasilien und Argentinien sind in Kliches Augen als gelungene Beispiele für Versöhnung innerhalb der Gesellschaft zu werten. »Dort wurde der Rechtsstaat wiederhergestellt, es wurden auch Prozesse gegen Hauptverantwortliche geführt, aber man hat versucht, mit Augenmaß vorzugehen und alle Bevölkerungsgruppen für das neue System zu gewinnen. Es gab keine Nacht der langen Messer.«

Einiges davon sei nach 1989 auch in Deutschland gut gelungen, meint Kliche. »Allerdings mit dem Schönheitsfehler, dass über die Repressionsapparate der DDR nicht systematisch diskutiert worden ist. Deren Durchleuchtung hätte für einige Leute zu massiven Konsequenzen geführt – nicht zuletzt für die westdeutschen Parteien, die das Vermögen der Blockflöten-Parteien direkt übernommen haben.«

In der deutschen Geschichte des 20. Jahrhunderts seien notwendige historische Verständigungsprozesse dieser Art gleich zweimal »auf Eis gelegt« worden. »Die Auseinandersetzung mit der nationalsozialistischen Vergangenheit war zunächst nur auf individueller Ebene möglich, weil es in der alten Bundesrepublik Jahrzehnte gedauert hat, bis unter dem Druck einer neuen Generation so etwas wie eine Aufarbeitungskultur entstand. Das war erst in den 60er Jahren der Fall. Inzwischen wissen wir, dass das vor allem eine Folge hatte: Die Kinder haben in ihren Familien mitbekommen, dass es Tabu-Themen gibt, um die man besser einen Bogen machen sollte. Sonst bringt man die Eltern in Verlegenheit, kommt aber auch selbst in die Situation, vielleicht von Verbrechern abzustammen. Das eigene Selbstbild ist also ebenfalls schwer bedroht.«

Auch zum Stasi-Thema habe es nach 1991 keine gesellschaftliche Diskussion gegeben, die die »Lebendigkeit der Verstrickung« deutlich gemacht hätte, meint Kliche. »Es gab eine Sieger-Kommunikation in den Medien und ein Verlierer-Ressentiment, das sich zum Teil auch politisch organisiert hat. Damit wurde eine Chance zur gemeinsamen, auch emotional greifenden Bearbeitung von Schuld und Verstrickung vertan. Die Aufgabe des Verzeihens wurde so wiederum den Individuen zugeschoben.« Kliche vermisst in Deutschland eine Kultur, die es begünstigt, dass die Bürger sich der historischen Schuld stellen und sich auf eine gemeinsame Wahrheit einigen.

Die Frage des Verzeihens kann leicht als »verjährbar« betrachtet werden, so sie ausschließlich auf persönlicher, zwischenmenschlicher Ebene gestellt wird. Hier stehen zu bleiben, wäre für Kliche allerdings ein Zeichen für eine unvollständige Auseinandersetzung mit der Notwendigkeit von Vergebung. »Wie soll ein junger israelischer Staatsbürger mir heute etwas verzeihen? Und muss er das überhaupt? Betrachtet man das auf der individuellen Ebene, wird es sofort zu einer absurden Frage, denn ich persönlich habe ihm ja nichts getan. Die historische Gemeinsamkeit wird auf diese Weise ausgeblendet. Damit würde man aber auch die Chance verschenken, dass dieser junge Mensch und ich uns auf einige wichtige Dinge einigen: Es gibt so etwas wie Menschenrechte, die sind heilig, es gibt so etwas wie Vernunft, und es gibt eine historische Wahrheit.« Diese Einigung aber wäre die Voraussetzung für echtes, zukunftsweisendes Verzeihen.

Über »Kollektivschuld« ist seit 1945 unendlich viel diskutiert worden. Gibt es auch so etwas wie kollektive Versöhnung und kollektives Verzeihen? »Ja, unbedingt«, sagt Kliche. »Wir können Völker als Großgruppen auffassen. Die Menschen, die zu ihnen gehören, teilen historische Erfahrungen und die extremen Gefühle, die mit ihnen verbunden sind.« Zwar sei es wichtig, den Einzelfall zu betrachten. »Aber gerade an der Debatte über Stasi-Verstrickungen und IM-Tätigkeiten sieht man: Das Innenleben findet nicht nur einmal statt. Sonst hätten wir nicht landauf landab so viele ähnliche Diskussionen.« Aufarbeitung müsse deshalb ein gemeinsames Projekt sein, die Politik dürfe sich hier nicht heraushalten. »Die Debatte muss allerdings mit offenem Ausgang geführt werden. Wir können Verzeihung nicht verordnen. Es muss ein Einzelner da sein, der sich zu seiner Schuld bekennt, und ein anderer Einzelner, der ihm seine Schuld verzeiht, weil er das Gefühl hat, dass das Gemeinsame, Verbindende trotzdem stärker ist. Wir können zwar vieles stellvertretend aushandeln, aber nicht alles.« Aufarbeitung und Versöhnung als gemeinsame, politische Aufgabe und als individuelles Projekt, das der Besonderheit jedes »Falles« Rechnung trägt. Eine komplexe, komplizierte Angelegenheit. »Wie kompliziert es ist, sehen wir auch an der Diskussion über die NSDAP-Mitgliedschaften. Hier wäre eine Pauschalisierung ebenfalls falsch. Wir müssen auch fragen, welche Mitglieder ›anständig‹ waren – und was das bedeutet: anständig gewesen zu sein.« Parallel dazu müsse aber die Diskussion über das System selbst laufen. »Und diese Diskussion kann man nicht beliebig aufschieben, denn es gibt dafür historische Fenster. Wenn diese sich geschlossen haben, wird die Debatte künstlich. Wir haben, was die Geschichte des 20. Jahrhunderts betrifft, nicht mehr allzu viel Zeit. Wir brauchen deshalb dringend mehr erfahrungs- und biographieorientierte politische Bildung, nicht allein in den Schulen.«

Mag sein, dass die Annäherung der beiden Nachbarn Frankreich und (West-)Deutschland nach dem Zweiten Weltkrieg, in dem sie sich als Feinde gegenüber standen, schneller und leichter zu bewältigen war. Das kommt uns heute aber vor allem deshalb so vor, weil der Erfolg dieser Versöhnungsgeschichte bewusst in den Vordergrund gestellt wird. Immerhin hatten sich die Nachbarn über vier bis fünf Generationen hinweg als Erbfeinde betrachtet. Dass seit den frühen 60er Jahren mehrere Generationen französischer und zunächst west-, dann gesamtdeutscher Schüler regelmäßig in Austauschprogrammen zusammengebracht wurden, dass sich unzählige Städtepartnerschaften und deutsch-französische Kulturveranstaltungen etabliert haben, betrachtet Kliche als eines der historischen Verdienste von Konrad Adenauer und Charles de Gaulle.

Für die meisten Bürger beider Länder zählen die Ergebnisse längst zu den banalen Selbstverständlichkeiten, an die allenfalls in Sonntagsreden erinnert wird. Wenn es nach einer Versöhnung gut läuft, vergisst man eben leicht, dass es eine Zeit gab, in der sie nötig war.

Versöhnliche Fellpflege

Wenn in der Politik von einer »Normalisierung« der Beziehungen zwischen zwei Ländern die Rede ist, dann ist damit gemeint: Es ist wieder Friede eingekehrt, man geht unbefangen miteinander um, hat allenfalls harmlose Konfliktfelder zu bearbeiten. Ist Versöhnlichkeit also der »Normalfall«? Bei der Suche nach einer Antwort lohnt sich ein Seitenblick auf unsere nächsten Verwandten, die anderen Primaten.

Nikkie hat Hennie geschlagen. Das junge Weibchen setzt sich für eine Weile abseits und befühlt die schmerzende Stelle. Geraume Zeit später kehrt sie zur Gruppe zurück und begrüßt deren Anführer Nikkie mit ein paar Grunzern. Die Wiederaufnahme des Kontakts geht noch weiter: Hennie hält dem Männchen, das sie kurz zuvor geschlagen hat, ihren Handrücken zum Kuss hin. Und der nimmt die Hand des Weibchens sogleich in den Mund. Wenig später umarmen sich die beiden Schimpansen und küssen sich. Wenn das keine Versöhnung ist!

Schimpansen, Rhesusaffen, Bärenmakaken, Bonobos: Sie alle tragen Konflikte auf aggressive Art und Weise miteinander aus. Sie verletzen sich, aber sie schließen gleich danach auch wieder Frieden. Gewalttätigkeit existiere als »unterschwellige, ständige Bedrohung« im Leben der Affen. »Aber zu 99 Prozent sorgen Schimpansen für Ruhe an der Oberfläche«, so schätzt der niederländische Biologe und Primatenforscher Frans de Waal, der heute in den USA arbeitet, die Lage ein. Affen sind in seinen Augen »wilde Diplomaten«. Und damit fähig zur Versöhnung. Eine Fähigkeit, die er nicht allein den Menschenaffen zusprechen möchte. »Bevor ich Versöhnung als ›Verstandesmerkmal‹ betrachte, das nur bei Hominoiden vorkommt, würde ich erwarten, es in jeder Spezies zu finden, die in gemeinschaftlichen Gruppen mit Langzeitbeziehungen lebt, die es wert sind, nach Streitigkeiten wieder hergestellt zu werden.«

Wer bei einem Zoobesuch mit ungeübtem Auge eher beiläufige Blicke auf ein Gehege wirft, in dem sich 20 bis 30 temperamentvolle und streitsüchtige Rhesusaffen tummeln, kann solche Bemühungen nicht erkennen. Verhaltensforscher entdecken hinter dem chaotisch wirkenden Treiben aber komplizierte, sich verändernde Hierarchien und soziale Netzwerke, die das Zusammenleben dieser Gemeinschaft strukturieren. De Waal jedenfalls überzeugt seine Leser mit einer Fülle amüsanter und berührender Geschichten, die alle der Langzeitbeobachtung einzelner Affen-»Persönlichkeiten« entstammen: Der Mensch ist nicht der einzige Primat, der über Fähigkeiten verfügt, um gestörte soziale Beziehungen zu reparieren. Grundlage ist das Bedürfnis nach sozialer Stabilität, das auch die von ihm beforschten Affen kennen. Sie umarmen, küssen und kraulen sich nicht allein, um sich körperlich wohlzufühlen. Diese Formen der Annäherung sind zugleich auch Techniken, um, in de Waals Worten, »vorausgegangene Vorfälle im Hinblick auf zukünftige Beziehungen ›ungeschehen zu machen‹«. Kurz: Es sind Techniken, die zur Versöhnung genutzt werden.

Lange Zeit haben Verhaltensforscher ihre Aufmerksamkeit vorwiegend auf diese »vorausgegangenen Vorfälle« gerichtet, also auf die Aggressionen, die im Tierreich herrschen. De Waal und andere Forscher bauen darauf auf: Weil es die Aggression gibt, ist auch ihr Gegenstück für das Gruppenleben unverzichtbar. Weil es Streit gibt, brauchen wir versöhnliche Verhaltensweisen, die das Vertragen anbahnen.

Das gilt für alle Lebewesen, die sich als Individuen wiedererkennen und ein gewisses Erinnerungsvermögen besitzen. Diese beiden Fähigkeiten stellen sie vor die Wahl, nachtragend oder aber versöhnlich zu reagieren. »Beides, Versöhnung und ihr Gegenstück, die Rache, erfordert, dass die Teilnehmer erinnern, mit wem sie Streit gehabt haben.« Schimpansen haben in dieser Hinsicht kein Problem: »Die Forschung lehrt uns, dass Schimpansen ein Gedächtnis wie Elefanten haben«, berichtet de Waal. Sie können es sich folglich leisten, ihre unmittelbare Reaktion auf eine Verletzung geduldig aufzuschieben und die dafür geeignete Situation abzuwarten. Wie unser Weibchen Hennie, das Nikkie erst nach einiger Zeit, dafür aber umso lässiger die Gelegenheit zum Handkuss bot. Übrigens eine unter Schimpansen typische Geste, wenn es gilt, Versöhnungsbereitschaft zum Ausdruck zu bringen. Auch der anschließende Kuss auf den Mund ist für Versöhnungen charakteristisch, wie de Waal berichtet: »Wenn man zwei Schimpansen sieht, die mit einem lang andauernden Kuss beschäftigt sind, dann haben sie sich aller Wahrscheinlichkeit nach vor nicht allzu langer Zeit feindlich gegenübergestanden. Wenn sie sich nur umarmen, so ist es wahrscheinlich, dass die Spannung durch eine dritte Partei verursacht wurde.« Dann geht es ums Trösten, nicht um das Sich-Versöhnen. Was den Kuss als Zeichen der Versöhnung betrifft, so spekuliert de Waal, er könne aus einer Art »Beißhemmung« entstanden sein. Parallelen mit dem Bruderkuss und dem Friedenskuss im politischen und religiösen Kontext menschlicher Gemeinschaften sind nicht ganz von der Hand zu weisen. »Ich mag den Gedanken, dass der Kuss durch zunehmende Kontrolle der Emotionen und der Kiefermuskeln von seiner Antithese abstammt«, bekennt jedenfalls de Waal. Eine andere naheliegende Vorstellung ist, dass der Kuss sich aus der Mund-zu-Mund-Übergabe vorgekauter Nahrung von der Mutter an ihr Kleinkind entwickelt haben könnte. Auch das hätte dann im weiteren Sinn wieder mit Versöhnung zu tun: De Waal schildert, wie dramatisch der Konflikt ist, der sich entwickelt, wenn eine Schimpansen-Mutter ihr Kind mit vier Jahren von der Brust entwöhnt: Die Mutter stößt das Junge von sich, woraufhin dieses schmollt, die Mutter aber fest entschlossen weiterhin beide Brüste mit ihren Armen bedeckt. Das Junge darf sich dann wieder nähern, jedoch nur unter der Bedingung, dass es die Brust nicht mehr sucht. Es ist ein Friedens-Angebot, das das Junge annehmen muss, da es von der Hege, Pflege und von der emotionalen Zuwendung der Mutter abhängig ist.

Auch »Make love not war«, die Devise der Flower-Power-Bewegung, könnte von Schimpansen und Bonobos erfunden sein, wie de Waal zeigt. Sexuelle Offerten und Friedensangebote sind in ihrem Alltag nicht voneinander zu trennen. Beobachtern mag es peinlich sein, sich hier einen plumpen Spiegel vorhalten zu lassen. Schließlich verfügen wir Menschen als einzige Primaten über die Sprache als Mittel zur ausdrücklichen, expliziten Versöhnung. Trotzdem greifen nicht nur Paare, die nach einem erbitterten Streit »im Bett landen«, auf die Möglichkeiten nonverbaler Versöhnung zurück. Im beruflichen Alltag wirken oft unverbindliche Signale wie ein Lächeln, eine nette Bemerkung oder eine Einladung auf einen Kaffee wahre Wunder. Nicht immer über jeden kleinen Konflikt zu reden, hilft, die Gefahr erneuter Missverständnisse zu umschiffen.

Generell ist es beruhigend, versöhnliches Verhalten solide in der Großfamilie der Primaten verankert zu sehen. Würden wir es allein unserer hochstehenden Moral, dem Einfluss der Religionen und dem Einwirken der philosophischen Ethik auf unseren Alltag verdanken, stünde dieses Verhalten wohl auf wackligeren Füßen. Deshalb ist es auch für uns Menschen schön zu sehen, dass Schimpansen und Bonobos sich nach einem Streit »wieder gut sein« können. »Wenn vier verschiedene Primatenspezies sich regelmäßig nach einem Kampf versöhnen, so hat ein gleichartiges Verhalten bei einer weiteren verwandten Spezies wahrscheinlich denselben Ursprung«, folgert de Waal. Nur weil diese fünfte Spezies als »Krone der Schöpfung« betrachtet werde, bleibe ein solcher Schluss oft aus. Wir Menschen sind folglich geneigt, die Fähigkeit zur Versöhnung als reine Kulturleistung zu betrachten, die unserer Spezies eigen wäre. Zu Unrecht, wie die Forschungen zeigen.

Die Studien sind allerdings mühsam. So haben Mitarbeiter de Waals in größeren Außengehegen geduldige Beobachtungen bei Schimpansen angestellt und ermittelt, dass nach 40 Prozent aller aggressiven Rangeleien die Gegner innerhalb der ersten halben Stunde nach dem Vorfall wieder Kontakt miteinander aufnehmen. Liegt der Konflikt länger zurück, dann verlieren die Forscher allerdings leicht den Überblick. »Es ist unmöglich, bei jedem einzelnen freundschaftlichen Zusammentreffen zwischen zwei Schimpansen absolut sicher zu sein, ob sie sich nun gerade versöhnen oder ob sie diesen besonderen Kontakt ungeachtet früherer Unstimmigkeiten sowieso aufgenommen hätten«, muss de Waal eingestehen. Auch bei menschlichen Paaren, die sich auf der Straße umarmen oder küssen, kann man da als Beobachter nie sicher sein. Aber man könnte sie befragen. Fragebogen, in denen etwa stünde »Haben Sie sich des morgendlichen Streits mit X erinnert, als Sie sie heute Nachmittag küssten?«, würde der Primatenforscher am liebsten auch seinen Schimpansen und Bonobos zum Ankreuzen vorlegen.

Nur Befragungen könnten wirklich helfen, wenn es darum geht herauszufinden: Welche psychischen Vorgänge laufen bei den Menschenaffen ab, wenn sie sich wieder vertragen? Können sie sich gegenseitig »verzeihen«? Was ging in Hennie vor, als sie den Versuch unternahm, wieder mit Nikkie anzubändeln? Doch hier stoßen wir an eine Grenze.

Mobbing und Menschlichkeit im Arbeitsleben

»Dem anderen ist es vielleicht nicht einmal aufgefallen«
Ein Gespräch über Konflikte und Versöhnung am Arbeitsplatz mit dem Wiener Künstler und Angestellten Werner Szendi

Dass unsere Verwandten im Tierreich sich als »wilde Diplomaten« bewähren, verstärkt die Zuversicht, ein friedfertiger, versöhnlicher Lebensstil sei auch unter Mitgliedern der Spezies Homo sapiens machbar. Ein Phänomen, das dieser Zuversicht in die Quere kommen könnte, nennt sich neudeutsch Mobbing.

Das Wort ist neu, doch die Verhaltensweisen, die es bezeichnet und zusammenfasst, keineswegs. Hatten Sie nicht auch schon einmal das Gefühl, andere Menschen seien über einen längeren Zeitraum hin gemein zu Ihnen? Auch vom Tierreich sind wir nicht weit abgekommen, wenn wir von Mobbing sprechen. Schließlich war es der Verhaltensforscher Konrad Lorenz, der den Begriff in den 60er Jahren für Angriffe verwendete, die eine Gruppe von Tieren mit vereinten Kräften auf einen überlegenen Gegner startete, etwa Graugänse auf einen Fuchs.

Mobbing im Job, so wie es definiert wird, seit der deutsch-schwedische Psychologe und Arzt Heinz Leymann den Begriff (vom englischen »to mob«, anpöbeln) vor rund 30 Jahren für das Arbeitsleben einführte, reicht von subtilen psychischen

Quälereien und Demütigungen über Anschreien, Telefonterror, Drohungen, Arbeitsentzug und Redeverbot bis hin zu sexueller Belästigung und körperlicher Gewalt. Nach Angaben der Bundesanstalt für Arbeitsschutz und Arbeitsmedizin in Dortmund werden jeden Tag in Deutschland mehr als 1,6 Millionen Arbeitnehmer gemobbt.

Der Wiener Werner Szendi ist in mein Blickfeld gerückt, weil er sich bei der Initiative *Bürger gegen Mobbing* (www.mobbing-web.de) engagiert. Szendi ist Leitender Angestellter im Österreichischen Sparkassenverband und hat zuvor viele Jahre in einem Technischen Großhandelsbetrieb als EDV-Leiter gearbeitet. Er kennt also Firmen verschiedener Größe. Und er arbeitet zugleich als freischaffender, internationaler Künstler. Schon als 16-Jähriger hat er die ersten Aufträge für die Innengestaltung von Kirchen bekommen. In der Angestelltenwelt ist er fest in eine Hierarchie eingebunden, hat Kollegen, Vorgesetzte, Untergebene. Wenn er malt, ist er meist allein, sein eigener Herr. Es könnte der Kontrast zwischen beiden Berufen sein, der ihn zu diesem Thema geführt hat. »Ich habe Mobbing in meiner Berufslaufbahn sehr oft erlebt, auch ab und zu am eigenen Leibe«, sagt der 44-Jährige. Es sei dabei glücklicherweise um kleine, undramatische Dinge gegangen. »Sachen, die vielleicht gar kein anderer bemerkt hat.« Und er fügt gleich hinzu: »Vielleicht hat man selbst so etwas auch schon gemacht, ohne es zu merken.« Szendi denkt an Vorkommnisse wie »Anschwärzen« bei Vorgesetzten, Anschreien, Kontaktverweigerung, das Verbreiten von Gerüchten, die systematischen Versuche von Vorgesetzten, Untergebene mit zu schwierigen Aufgaben zu überfordern, den Versuch, einen Kollegen lächerlich zu machen, hinter seinem Rücken schlecht über ihn zu reden, Drohungen auszusprechen. Aber auch an vermeintlich harmlosere Schikanen wie ständiges Unterbrechen, wenn der Betreffende gerade das Wort hat. Heute ist es für Szendi wichtig, ausgleichend auf die Beteiligten einzuwirken, wenn es in seiner Arbeitswelt zu solchen Vorkommnissen kommt. »Ein typisches Muster sind dabei Angriffe von männlichen Vorgesetzten oder Kollegen auf einzelne Frauen im Team. Da gibt es Macho-Allüren von

Männern, die privat vielleicht eher frustriert sind oder zu Hause kuschen und ihre Aggressionen dann im Beruf ausleben, sobald sie glauben, ein ›wehrloses Opfer‹ gefunden zu haben.« Wer beobachte, wie eine Kollegin oder ein Kollege immer wieder zur Zielscheibe unfairer Angriffe werde, oder wer von jemandem darüber ins Vertrauen gezogen werde, der müsse den »Täter« direkt darauf ansprechen, findet Szendi. Zivilcourage ist also gefordert. »Für mich war es besonders schwierig, als ich gesehen habe, dass einer meiner Vorgesetzten andere Mitarbeiter gemobbt hat«, sagt Szendi. »Aber es hilft nichts: Man muss darüber sprechen, und man muss gemeinsam überlegen, wie es weitergehen kann.« Als »vorbeugende Schutzmaßnahme« hat es sich Szendi zur Gewohnheit gemacht und empfiehlt es auch jedem, mündliche Vereinbarungen in Form von Gesprächsprotokollen schriftlich festzuhalten, um bei eventuellen Mobbing-Angriffen gewappnet zu sein. Für die Betroffenen selbst sei es extrem wichtig, in Mobbing-Situationen bewusst Abstand zu halten. Leichter gesagt als getan. »Aber wenn ich begreife, wie viel persönliche Unzufriedenheit oft hinter den Quälereien steckt, und dass ich nicht der einzige Auslöser dafür bin, bringt das schon ein Stück Entlastung.« Mit etwas Abstand sieht man dann etwa, dass der Kollege im Moment privat viel Stress hat oder dass zu hohe Leistungsvorgaben das gesamte Team unter Druck setzen. Durchgehen lassen kann man ihm oder ihr das unmögliche Verhalten deshalb trotzdem nicht. »Aber aus der Distanz heraus erkennt man meistens, dass man ein klitzekleines bisschen Mitschuld an der Eskalation trägt.« Diese eigenen Beigaben – Empfindlichkeiten, »dumme« und peinliche Reaktionen, Gegen-Schikanen – müsse man nur sich selbst verzeihen. Und das Verhalten des aggressiven oder subtil mobbenden Kollegen? »Wenn geklärt ist, dass so etwas nicht mehr vorkommen darf und wie man die Lage in Zukunft besser in den Griff bekommen kann, dann sollte man ihm oder ihr verzeihen und Gesten der Entschuldigung wie eine gereichte Hand oder ein Schulterklopfen annehmen und auch ohne förmliche Entschuldigung verzeihen«, meint Szendi. »Verzeihen ist schließlich der einzige Weg, den Seelenfrieden wiederzuerlangen. Ein Nicht-vergeben-Können über lange Zeit ist nicht nur die Ursache für seelischen Schmerz, sondern löst auch körperliche Erkrankungen aus. Verzeihen bedeutet nicht, das Verhalten zu entschuldigen, sondern es heißt, die Energie aus der Sache herauszunehmen und sie künftig für die Gestaltung des eigenen Lebens zu verwenden. Man sollte nicht zulassen, dass Verletzungen der Vergangenheit die eigene Gegenwart und Zukunft zerstören.« Anders als im privaten Leben, wo eine Partnerschaft oder eine Freundschaft freiwillig eingegangen werden, sind die meisten Menschen im Berufsleben gezwungen, pragmatisch zu denken und sich zu arrangieren. Wo kommt es schon vor, dass der Chef und die Kollegen auch engste Freunde und Vertraute sind? Immerhin hat der Bochumer Psychologe Christian Schwennen mit seinen schon erwähnten Studien wissenschaftlich belegt, dass versöhnliches Verhalten im Arbeitsleben für alle, die dazu bereit sind, nützliche Folgen hat: Die Kollegen werden hilfsbereiter, wenn sie merken, dass ein Mitarbeiter grundsätzlich zum Verzeihen bereit ist, die Kommunikation im Team verbessert sich und der versöhnlich Gestimmte ist mit seiner Arbeit zufriedener.

Was im Gehirn passiert, wenn wir verzeihen

»Ein Gen fürs Vergeben werden wir nicht finden«
Ein Gespräch mit der Psychologin und Medizinerin Dr. Dipl.-Psych. Angela Merkl, die an der Freien Universität Berlin über hirnphysiologische Voraussetzungen des Verzeihens forscht

Dass es für das Klima in einem Betrieb nützlich ist, wenn versöhnlich gestimmte Mitarbeiter dort immer wieder bereit sind, einem jähzornigen Chef seine zeitweiligen Kontrollverluste und den schnippischen Kollegen ihre spitzen Bemerkungen nachzusehen (oder den »ungehobelteren« Mitarbeitern das Rülpsen am Mittagstisch in der Kantine), leuchtet soweit ein. Und dass nicht nur Theologen, sondern auch Soziologen und Arbeitspsychologen versichern, die Versöhnlichen täten damit auch sich selbst etwas Gutes, ist ausgesprochen erfreulich. Doch wie funktioniert Verzeihen eigentlich rein biologisch? Was passiert im menschlichen Gehirn, wenn sein »Inhaber« bereit ist, einen Fauxpas zu verzeihen? Welche Hirnregionen werden aktiv, wenn wir eine solche Verletzung registrieren und mit Gefühlen auf sie reagieren? Welches »Werkzeug« aus Nervenverbindungen und Botenstoffen ist nötig, um eine kleine oder große Übeltat zu verzeihen?

Die junge Medizinerin und Psychologin Angela Merkl von der Berliner Charité leitet gemeinsam mit dem Soziologen Christian von Schewe ein spannendes Forschungsvorhaben, das über diese Fragen Aufschluss geben soll. Es ist eingebettet in ein gigantisches Projekt mit dem Titel *Languages of Emotion*, für das sich Wissenschaftler verschiedener Fachrichtungen der Freien Universität Berlin zusammengetan haben – von Theaterwissenschaftlern über Soziologen und Philosophen bis hin zu Neurowissenschaftlern. Zusammen wollen sie den »Sprachen« unserer Emotionen auf die Schliche kommen, und die können allenfalls in Teamwork entschlüsselt und verstanden werden.

In dem Teilprojekt »Is empathy necessary to forgive?« nehmen sich Angela Merkl und das interdisziplinäre Team nun also die Vorgänge rund um das Verzeihen vor. Als deutsche Entsprechung des englischen »forgiving« oder »forgiveness« haben sie dabei einstweilen die Übersetzung Vergeben gewählt, nicht Verzeihen, wie der Bochumer Arbeitspsychologe Christian Schwennen es bevorzugt. Da die Publikationen auf englisch und in internationalen Zeitschriften erscheinen werden, tut das allerdings wenig zur Sache. »Der deutsche Ausdruck ist jedoch auch Gegenstand von Untersuchungen, bei denen uns Kollegen aus der Vergleichenden Literaturwissenschaft wichtige Ratschläge geben, da sie der Begriffsdefinition eine große Rolle beimessen«, sagt Merkl.

Im Jahr 2001 gab es bereits eine erste Studie, bei der britische Forscher mit dem Hirn-»Scanner« (einem funktionellen Magnetresonanztomographen [fMRT], mit dessen Hilfe man dem Gehirn bei der Arbeit zusehen kann) so etwas wie die

»Anatomie des Verzeihens« sichtbar gemacht haben. Die Psychiater und Radiologen um Tom Farrow von der Universität Sheffield haben dafür eine Gruppe von zehn Freiwilligen in das fMRT gelegt, ihnen kurze Alltagsgeschichten präsentiert, sie nach ihrer Einschätzung und ihren Gefühlen befragt und nach besonderen Aktivitäten in verschiedenen Gehirnregionen Ausschau gehalten. Wie erwartet fanden sie heraus, dass einige Regionen im vorderen stirnnahen Bereich des Gehirns aktiv werden, wenn Menschen Geschichten an sich heranlassen, die Mitgefühl hervorrufen. Und spannenderweise zeigten sich charakteristische Unterschiede in der Aktivität des Gehirns, je nachdem, ob die Aufgabe darin bestand, sich einfach in die Lage eines anderen hineinzuversetzen, oder ob ausdrücklich ein Urteil darüber gefragt war, welches Vergehen am ehesten zu verzeihen sei. Doch waren immer genau die Areale aktiv, in denen Patienten mit bestimmten Formen von Autismus Auffälligkeiten zeigen, einer psychischen Erkrankung, die es schwermacht, sich anderen Menschen zuzuwenden und mit ihnen zu kommunizieren. Ist in diesen Arealen also die Fähigkeit zum Mitgefühl, zum Hineinversetzen in andere verortet, die unter dem Fachbegriff Empathie zusammengefasst wird?

Hier empfiehlt sich etwas Vorsicht. Denn diese Art von Versuchsanordnung ist vom »wirklichen Leben« weit entfernt. In einem Versuchsraum im fMRT zu liegen und Fallgeschichten von fiktiven Personen beurteilen zu müssen, ist eine absolute Ausnahmesituation. Sie ist nicht vergleichbar mit dem Verzeihen von größeren und kleineren seelischen Verletzungen, die uns Partner, Freunde oder Kollegen im Alltag zufügen, zumal nach gravierenden Vorfällen das Verzeihen Zeit braucht.

Trotzdem kann die moderne Forschung wichtige Hinweise auf die Abläufe im Gehirn geben. Im laufenden Berliner Projekt werden den Versuchsteilnehmern nicht nur Fallgeschichten erzählt. Sie sind außerdem aktive Teilnehmer von Spielen mit Geldeinsatz, in denen sich ihre fiktiven Gegner unfair verhalten. »Wir modulieren den emotionalen Gehalt dieser Spielszenen und lassen die Testperson jeweils entscheiden, ob sie ihrem Mitspieler vergibt oder nicht«, erläutert Merkl.

Wahrscheinlich ist ein ganzes Geflecht von Funktionen des Frontalhirns beteiligt, wenn Menschen sich über einen solchen Mitspieler ärgern, wenn sie beschließen, ihn für sein unfaires Verhalten zu bestrafen, oder wenn sie doch zu dem Entschluss kommen, Gnade vor Recht ergehen zu lassen. Denn es ist auch bekannt, dass die Grundlage für einfühlsames Verhalten durch ein Netzwerk von Nervenzellen gelegt wird, das weiträumig im Gehirn verteilt ist: Die zu Beginn dieses Jahrtausends vom Italiener Giacomo Rizzolatti entdeckten Spiegelneuronen, die uns »mitschwingen« lassen, wenn wir andere leiden oder sich freuen sehen. Sie gelten inzwischen als wichtiges biologisches Fundament für prosoziales Verhalten, das das Beziehungswesen Mensch für sein Überleben braucht.

»Ich bezweifle, dass wir die einzelne für das Vergeben zuständige Hirnregion identifizieren werden. Wahrscheinlich sind rationale Abwägungen und emotionale Bewertungen hier eng miteinander verwoben«, sagt Merkl. Sie würde allerdings gern belegen, dass der vordere Teil einer gürtelförmig aussehenden Hirnregion namens Cingulum, der beim Entstehen von Empathie eine Rolle spielt, auch beim Verzeihen aktiviert wird. »Das liegt zwar nahe, aber bisher hat es noch keiner bewiesen.«

So wie die Hirnregionen sind auch die Forschungsansätze des Projektteams miteinander verwoben. Während die einen an Versuchsanordnungen für den Hirn-»Scanner« basteln, ist es anderen gelungen, einige Fragen zum Thema Vergeben in eine große repräsentative Befragung deutscher Haushalte einzubringen, das SOEP (Sozio-oekonomisches Panel). Andere sollen später auch Gen-Daten auswerten. »Dass wir ein einziges ›Vergebens-Gen‹ finden werden, ist nicht zu erwarten«, dämpft Merkl einschlägige Erwartungen. »Aber es ist gut möglich, dass wir Entsprechungen zwischen ganzen Kombinationen genetischer Besonderheiten und dem Vergeben finden.«

Inzwischen haben Merkl und ihre Kollegen die ersten 20 der ausführlichen Interviews zum Thema Vergeben ausgewertet, die sie zu ihrer eigenen Orientierung mit verschiedenen Menschen geführt haben. Dabei ist immerhin herausgekommen, dass es den Gesprächspartnern am schwersten fällt, sehr nahe stehenden Menschen zu verzeihen. Das hatte auch Christian Schwennen in seinen Untersuchungen herausgefunden. Außerdem wurde deutlich, dass jene Interviewten, die noch eine »unverziehene« Geschichte mit sich herumschleppen, besonders häufig über Depressionen und über quälendes Grübeln klagen (fachsprachlich: »ruminieren«, also »wiederkäuen« genannt). Auch das ist aus anderen Untersuchungen bekannt und neurobiologisch bereits gut untermauert.

Spannend ist jetzt herauszufinden, wo genau im Gehirn das Verzeihen Entlastung bringt. »Wir können uns vorstellen, dass eine Übererregung des Mandelkerns dadurch abnimmt«, sagt Merkl. Die Hirnregion, die ihren Namen ihrem charakteristischen Aussehen verdankt, hat eine zentrale Bedeutung für das menschliche Empfinden und Lernen, sie bildet im Gehirn eine Art Alarmsystem für neue – interessante, die Neugier weckende, aber auch gefährliche – Reize. Der Mandelkern gehört zum sogenannten limbischen System, in dem über die emotionale Bedeutung von Signalen bestimmt wird. Bei Bedarf und genügend Zeit werden hier Situationen wieder und wieder »durchgenommen« und bewertet. Das kann zu einer Verfeinerung unserer Einschätzungen führen, aber auch zum anstrengenden und zermürbenden Grübeln.

»Verzeihen hat wahrscheinlich zwei Funktionen«, resümiert Merkl. »Es hält nicht nur Bindungen aufrecht, die der Mensch zum Überleben braucht, es dient auch dazu, dass wir mit unseren emotionalen Kräften haushalten können und gesünder leben.« An diesem Punkt hat auch die Neugier der Psychiaterin auf das Vergeben ihren Anfang genommen: »Ich wollte verstehen, inwiefern das Vergeben dazu beiträgt, Stresserkrankungen zu reduzieren.« Vermutungen und Hinweise gibt es viele. Hoffen wir, dass in den nächsten Jahren die Belege folgen.

Religion und Vergeben

»Manches wird mit Gottes Hilfe übers Knie gebrochen«
Ein Gespräch mit der Theologin und Psychologin Dr. Beate Weingardt über Schuld, Vergebung und die Techniken der menschlichen Selbsttäuschung

Wer über das vielschichtige Thema Verzeihen und Vergeben nachdenkt, kann von der Religion nicht ganz absehen. Vor allem in der christlichen Tradition spielt Vergebung eine zentrale Rolle.

Die Tübingerin Beate Weingardt, die ihre Doktorarbeit über Vergebung geschrieben hat, ist sozusagen Doppelexpertin für unser Thema: Sie hat evangelische Theologie und Psychologie studiert. Zuerst sei sie als junge Pfarrvikarin in einer großen Gemeinde auf das Thema gestoßen, erzählt sie. »Je besser ich die Menschen dort kennengelernt habe, umso klarer wurde mir, dass es in fast jeder größeren Familie irgendein Zerwürfnis gibt. Fast überall kommen Verletzungen vor, die nicht wirklich aufgearbeitet und bereinigt werden. Das kann zu Distanz und zeitweiliger Funkstille führen, zu Groll bis hin zu der absoluten Weigerung, noch miteinander zu reden. Ich habe festgestellt, dass die Menschen sehr leicht verletzt werden, sich aber mit dem Vergeben und Versöhnen schwertun.« Innerhalb von Familien seien enttäuschte Erwartungen am weitesten verbreitet, das Gefühl, zu wenig respektiert oder ungerecht behandelt zu werden. »Ganz häufig führen zuletzt auch Erbstreitigkeiten zu Zerwürfnissen.«

Die junge Vikarin wusste aus eigener Erfahrung, wie schnell Menschen einander Verletzungen zufügen können. »In meiner Pubertät war ich sehr aufsässig, es gab dauernd Streit mit meinen Eltern, schließlich bin ich in eine Beziehung mit einem neun Jahre älteren Mann geflüchtet und wurde mit 17 schwanger. Heiraten wollte ich ihn trotzdem nicht. Es war eine sehr konfliktreiche Zeit, die mir lange nachhing.« Sie musste sich wieder mit ihren Eltern zusammenraufen, fand bei ihnen dann aber viel Unterstützung. Bei aller Dankbarkeit litt sie trotzdem unter der jahrelangen Abhängigkeit. »Inzwischen haben wir uns das alles längst vergeben«, sagt sie. Verletzt hat sie als junges Mädchen jedoch auch den Vater des Kindes, der sich eine Partnerschaft wünschte und jahrelang nicht darüber hinweg kam, dass er nicht mit ihr und der Tochter zusammenleben konnte. »Mir war bewusst, dass ich durch meine Ablehnung, ihn zu heiraten, auch meinem Kind eine Verletzung zufügen würde, indem ich ihm eine normale Familie vorenthalte. Mir war klar, dass ich mich dafür irgendwann einmal würde rechtfertigen müssen.« Sie habe also schon früh die Erfahrung gemacht, dass man es im Leben nicht jedem recht machen könne, sagt Beate Weingardt. »Es bleibt einem nicht erspart, dass man Menschen verletzt.«

Und dass man selbst verletzt wird. Im Nachhinein kann sie dem sogar Gutes abgewinnen: »›Von allen Dingen am liebsten / sind mir die gebrauchten‹, so beginnt ein Gedicht von Bertolt Brecht. Für mich sind die Verletzungen, die ich schon früh, aber auch später erlebt habe und immer noch erlebe, so etwas wie ›Gebrauchsspuren‹ meiner Seele. Sie hinterlassen Schrammen und Kerben, aber das macht meine Psyche nicht ärmer, sondern unverwechselbar. Zu einem individuellen Leben gehören eben auch die ganz individuellen Wunden, die man erlitten, aber auch überstanden hat.«

Es waren vielleicht auch diese frühen persönlichen Erfahrungen, die zu ihrem doppelten Studienwunsch führten. Als Beate Weingardt mit dem Studium begann, war das Vergeben ein rein theologisches Thema. »Noch im Jahr 1985, als ich mein Psychologie-Diplom gemacht habe, hat man das Stichwort in keinem psychologischen Sachbuch finden können.« Dass trotzdem ein psychologisches Thema dahinter steckt, wurde Weingardt erst bewusst, als sie im Jahr 1993 einen Beitrag des Hamburger Psychologieprofessors Reinhard Tausch in der Zeitschrift *Psychologie heute* entdeckte: »Verzeihen: Die doppelte Wohltat«. »Er brachte zum Ausdruck, wie sehr er sich wundert, dass weder die Theologen noch die Psychologen sich mit diesem wichtigen Thema auseinandersetzen, das doch nach seiner Erfahrung in jeder Psychotherapie und in jeder Beratung eine Rolle spiele.« Auch die angehende Theologin und Psychologin begann sich zu wundern – und hatte »ihr« Thema gefunden. Als sie sich dann intensiv in ihre Dissertation kniete, stellte sie fest, dass es in den USA schon einiges an Forschungsliteratur gab, das sie verwenden konnte. Inzwischen sind jenseits wie diesseits des großen Teichs einige populäre Ratgeber erschienen. Auch Beate Weingardt hat im Anschluss an ihre Doktorarbeit eine solche allgemein verständliche Version ihrer Erkenntnisse verfasst. Sie reagiert allerdings empfindlich, wenn Ratgeber das Verzeihen als leichte Übung darstellen, die sich mit ein bisschen gutem Willen jederzeit bewerkstelligen lässt. »Wenn ich Vorträge halte, merke ich, dass die Leute Widerstand zeigen, wenn man ihnen weismachen will, vergeben könne man einfach so, gewissermaßen nebenbei. Sie wissen es besser.«

Mag sein, dass auch die Theologin in ihr gegen solche vereinfachten Vorstellungen rebelliert. »Wer von Vergebung spricht, muss auch von Schuld sprechen. Es ist sowohl Aufgabe der Psychologie als auch der Theologie, die vielfältigen Techniken menschlicher Selbsttäuschung, die der Abwehr von Verantwortung und Schuld dienen, aufzudecken«, heißt es in ihrer Doktorarbeit. Das Thema Schuld wiederum werde nur in den monotheistischen Religionen so besonders betont, in denen es eine Verantwortung gegenüber einem einzigen, persönlichen Gott gibt. »Im Christentum stirbt er sogar für die Sünden der Menschen. Auf den Umgang mit Schuld wird also ein besonderes Gewicht gelegt. Das führt auch zu einer strengen zwischenmenschlichen Ethik. Selbst mit Opfergaben und Ritualen kann man sich von dieser Verantwortung nicht loskaufen. Wo die Schuld so hochgehängt wird, hat aber auch die Vergebung große Bedeutung.«

Das klingt nach harter Arbeit. Wer das Neue Testament auf der Suche nach dem Thema Vergeben durchforstet, wird denn auch mit einigen Zumutungen konfrontiert. Da ist die berühmte Stelle im Matthäus-Evangelium, an der Petrus Jesus fragt, wie oft ein Mensch seinem Mitmenschen eigentlich vergeben solle: »Sieben Mal?« Mit diesem Vorschlag versucht Petrus, die Regel großzügig zu überbieten, die im Alten Testament festgehalten ist. Dort heißt es, man müsse einem Menschen höchstens drei Mal vergeben. Kein Wunder, wenn Petrus über die Antwort etwas erstaunt ist, die Jesus ihm gibt: »Ich sage dir, nicht sieben Mal, sondern siebzig Mal sieben Mal.« Wird hier also Bereitschaft zu grenzenloser Vergebung und unendlicher Nachgiebigkeit eingefordert? »Damit ist ja nicht gesagt, dass ein und dasselbe Delikt so oft verziehen werden müsste«, betont Theologin Weingardt. »Es darf nicht immer die gleiche Verletzung sein, die ein Mensch einem anderen vergibt. Sonst ist die Person nach siebzig Mal sieben Mal kaputt!« Es sei denn, der Täter sei nicht zurechnungsfähig. »Dann gibt es aber nichts zu verzeihen, denn Verzeihen setzt Verantwortungsfähigkeit voraus.« Das Problem sei, erklärt Weingardt, dass in der Bibel psychische Vorgänge oft sehr verkürzt dargestellt würden. »Davon darf man sich aber nicht täuschen lassen. Gemeint ist an dieser Stelle: Der Mensch soll seine Bereitschaft zum Vergeben nicht begrenzen. Wenn man die Bibelstelle allerdings zu wörtlich und isoliert nimmt, kann das katastrophale Auswirkungen haben. Dann denkt womöglich eine Ehefrau, sie müsste den 20. Seitensprung ihres Mannes vergeben, das ist aber eine völlige Überforderung.«

Die Großzügigkeit, die dem Einzelnen im Umgang mit seinen Mitmenschen empfohlen wird, hat in der Bibel ihre Entsprechung in der Verzeihensbereitschaft Gottes. Um sie zu illustrieren, erzählt Jesus gleich im Anschluss an die »Siebzig Mal sieben«-Empfehlung die Geschichte vom unbarmherzigen Knecht. In diesem Gleichnis kommt ein König vor, der seinem Knecht eine beträchtliche Geldschuld erlässt. Kurz darauf lässt ausgerechnet dieser Mann einen Untergebenen, der ihm selbst eine viel geringere Schuld nicht zurückzahlen kann, ins Gefängnis werfen. Der König hört von diesem Verhalten und lässt seinen Schuldner daraufhin ebenfalls vor Gericht stellen. »So wird auch mein himmlischer Vater mit euch verfahren, wenn ihr nicht, ein jeder seinem Bruder, von Herzen verzeiht.« Wie der König ist auch Gott zum Verzeihen nur bereit, wenn er einen seinerseits verzeihensbereiten Menschen vor sich hat.

»Und vergib uns unsere Schuld, wie auch wir vergeben unseren Schuldigern«, heißt es folgerichtig im Vaterunser, dem wichtigsten Gebet der Christenheit, mit dem sich meine Gesprächspartnerin Stefanie Eid so quälte, die von ihrem Freund mit HIV infiziert worden war. Weingardt weist darauf hin, dass diese Bitte im Gebet eine zentrale Stellung hat, was sich schon daran zeigt, dass sie als einzige von Jesus näher erläutert wird. »Ja, wenn ihr den Menschen ihre Verfehlungen vergebt, wird euer himmlischer Vater euch auch vergeben. Wenn ihr aber den Menschen nicht vergebt, wird euer Vater eure Verfehlungen auch nicht vergeben.« Genau das hatte Martin Luther in Kleists Erzählung dem Michael Kohlhaas zu bedenken gegeben.

Was bleibt dem Christen also anderes übrig, als seinem Mitmenschen immer wieder zu verzeihen? Das ist der Punkt, an dem die Diplom-Psychologin Weingardt ihr Veto einlegt. »Rein theologische Bücher über Vergebung sind meistens zu platt«, stellt sie lakonisch fest. Ihnen fehle schlicht der Praxisbezug. »Kurze, knappe Aufforderungen zum Vergeben führen zu Formalismus. Man achtet gar nicht darauf, ob der Prozess, der dazu nötig ist, überhaupt schon vollzogen worden ist. Wenn nicht, dann ist der Groll nicht verschwunden, er wurde nur ins Unterbewusstsein verdrängt. Dabei sagt Jesus, man solle ›von Herzen‹ vergeben. Das heißt nach hebräischer Vorstellung: Mit dem Zentrum meines Denkens und Willens.« Ein Ritual zu absolvieren reiche dafür nicht aus. »Darin besteht schon eine Gefahr, dass Christen, die vergeben wollen, um einem Gebot zu genügen, sich selbst etwas vormachen. Die Sache wird sozusagen mit Gottes Hilfe übers Knie gebrochen.« Nichtgläubige seien in dieser Hinsicht manchmal ehrlicher. »Sie sagen eher: Nö, ich bin noch nicht so weit, ich kann das noch nicht verzeihen.« Den oftmals langwierigen psychologischen Prozess, der dazu gehört, können auch Christen nicht abkürzen. Eine Direttissima des Verzeihens gibt es auch für sie nicht. »Ein guter Seelsorger weiß das. So hat mir neulich ein Pfarrer von der Begegnung mit einer Frau erzählt, die in der Leichenhalle ihren verstorbenen Mann ganz furchtbar beschimpft hat. Ihr war es sehr peinlich, dabei vom Pfarrer höchstpersönlich erwischt zu werden. Er ist aber ganz gelassen geblieben, weil er wusste, wie langwierig der Prozess des Verzeihens sein kann und dass man dafür manchmal Umwege und Rituale braucht. Auf die Bemerkung der Witwe, dass sich das ja nicht gehöre, was sie gerade mache, hat er nur gesagt: ›Wenn es Ihnen gut tut, ist es in Ordnung!‹ Auch wenn er den Auftritt ein bisschen skurril fand ...«

Christen haben es im Vergleich zu Nichtchristen auf einem anderen Gebiet etwas leichter, davon ist Weingardt fest überzeugt: Und zwar im Umgang mit der eigenen Schuld, den Hannah Arendt als so schwierig empfindet, wie wir gesehen haben. »Sich selbst zu vergeben ist ja im Grunde schwerer, als anderen zu vergeben. Man kann sich als Person schließlich nicht von dem ablösen, was man getan hat, um sich dann selbst die Absolution zu erteilen. Wir brauchen jemanden, der uns diese Vergebung zuspricht. Genau das aber bieten die christlichen Kirchen.«

Als Christ habe man zudem eine fundierte Motivation, um anderen zu vergeben. »Eigentlich geht die Aufforderung zur Vergebung ja gegen das menschliche Gerechtigkeitsempfinden. Spontan finden wir, dass der andere für sein Vergehen büßen muss. Im Christentum heißt das Argument dafür, trotzdem zu vergeben: Gott vergibt dir auch!« Nichtgläubige müssten folglich ein anderes Argument finden, um ihren Mitmenschen zu verzeihen. »Und da kommt nun die Erkenntnis ins Spiel, dass wir uns selbst schaden, wenn wir nicht zur Vergebung bereit sind. Wir tun es also für uns. Nichtverzeihen ist ein selbstschädigendes Verhalten, sowohl psychisch als auch körperlich. Es bindet unglaublich viel Energie, und es macht Beziehungen kaputt. Und das ist ein absolut starkes Argument, das auch dem größten Egoisten einleuchten müsste.«

Heißt das für die Theologin, dass Nichtchristen das Verzeihen banalisieren, indem sie es einzig und allein mit ihrem eigenen Wohlergehen verbinden? »Nein, so sehe ich das nicht«, stellt Weingardt klar. »Ich glaube umgekehrt, dass Christen oft zu wenig darüber nachdenken, was das Verzeihen in ihnen bewirkt. Das verbieten sie sich sozusagen, es ist verpönt, weil es als zu ›egoistisch‹ empfunden wird. Doch man darf beide Aspekte – das Wohl des Nächsten und das eigene Wohl – im christlichen Glauben nicht auseinanderreißen. Christen haben es insofern leichter, als sie zusätzlich zu ihrer eigenen Einsicht noch eine andere Kraftquelle haben.«

Wegen dieser besonderen Kraftquelle sollte es Christen allerdings auch leichterfallen, ein ›gutes‹ Leben zu führen. Ist es deshalb schwerer, ihnen kleinere oder größere Verfehlungen zu verzeihen? Vor allem den Repräsentanten der Kirchen, ihren besonderen Würdenträgern? Menschen, die einen hohen moralischen Anspruch erheben, würden durchaus zu Recht an diesem hohen Anspruch gemessen, betont Weingardt. »Wenn die Person dazu steht und ihre Schuld auf sich nimmt, ist es aber nicht schwerer, ihr zu verzeihen, das sieht man deutlich am Fall von Margot Käßmann, die als Bischöfin zurückgetreten ist und die Gründe öffentlich dargelegt hat.«

Im Prinzip allerdings werde Verzeihen im Christentum keineswegs an die Bitte um Entschuldigung gekoppelt. »Jesus hat die bedingungslose Vergebung propagiert, während im Alten Testament die Reue des Täters Bedingung war.« Auch hier zeige sich großes psychologisches Gespür, meint Beate Weingardt. »Die meisten Menschen messen der Bitte um Entschuldigung zu viel Bedeutung bei. Vielleicht verschafft sie eine gewisse Genugtuung. Aber die Lebensqualität eines Verletzten ist schwer beeinträchtigt, wenn er sein Vergeben ausschließlich von der Entschuldigung des Täters abhängig macht. Unter Umständen wartet er nämlich lebenslang darauf.« Dieses psychologische Argument hatten wir schon von der Christin Stefanie Eid gehört.

In der Bibel werde überhaupt viel Psychologie betrieben, findet die Theologin. »Jesus war ein guter Psychologe. Aber das Kleingedruckte zu seinen Anweisungen, das liefert schon eher die Psychologie.«

Resümee

Es ist ein weiter Bogen, den wir in diesem Teil des Buches gespannt haben: Von der Philosophie über die Politik, die Verhaltensbiologie und die Hirnforschung bis hin zur Arbeitswelt und der christlichen Religion, die das Vergeben lange Zeit als ihre ureigene Domäne betrachtet hat. Umso beeindruckender erscheint mir, dass die auf den ersten Blick so unterschiedlichen Gebiete einige übereinstimmende Erkenntnisse bieten.

Möglicherweise sind auch wir Menschen »wilde Diplomaten«, wie der Biologe Frans de Waal die von ihm beobachteten Menschenaffen nennt: Aggressiv, doch auf Gedeih und Verderb auf das Gemeinschaftsleben angewiesen. Sodass wir uns immer wieder bemühen müssen, um Verzeihung zu bitten und anders herum die Bitte um Verzeihung anzunehmen. De Waal versucht zu zeigen, dass unsere Fähigkeiten auf dem Gebiet der Versöhnlichkeit nicht an den Verstand gebunden sind, den wir als menschliches Alleinstellungsmerkmal hoch halten. Auch die Psychiaterin Angela Merkl, die mit den Methoden der modernen Bildgebung in das menschliche Gehirn schaut, vermutet, der Mensch besitze die Gabe des Verzeihens, weil er in sozialen Bindungen lebt und diese aufrechterhalten möchte. Und sie glaubt, dass wir das Verzeihen brauchen, weil wir mit unseren emotionalen Kräften haushalten müssen.

Denn der Akt des Nachtragens zehrt. Er stiehlt auch im Berufsleben viel Kraft, da man sich seine Kollegen nur selten aussuchen kann. Versöhnliche Gesten sind daher immer wieder nötig. Sie beziehen sich aber grundsätzlich nur auf die Person, nicht auf die Tat selbst. Das macht das Verzeihen da kompliziert, wo historische Taten verhandelt werden und teilweise auch »Kollektivschuld« zur Debatte steht: in der Politik. Der Politologe und Psychologe Thomas Kliche sieht das Verzeihen hier als »emotionale Existenzbestimmung«: Man versichert sich gegenseitig, dass man gemeinsame Ziele und Werte teilt. Das konnten wir bereits deutlich anhand des Versöhnungsprozesses innerhalb von Paarbeziehungen sehen.

Ich persönlich finde es hochinteressant, dass diese Feststellung auch für alle nicht frei gewählten Beziehungen gilt, also für den gesamten Rahmen, in dem wir als Gemeinschaftswesen leben. Auch in diesen Beziehungen haben wir ein elementares Interesse daran, nicht mit der Vergangenheit zu hadern. Wir sind darauf angewiesen, dass wir Versprechungen Glauben schenken können, die für die Zukunft gemacht werden. Die Philosophin Hannah Arendt zeigt eindrücklich, wie beides zusammenhängt: Vergangenes verzeihen und Versprechen vertrauen.

Keine Partei und auch keine Religion kann das grundsätzlich verordnen. In christlichen Ratgebern werde das Vergeben oft als allzu leichte Übung dargestellt, kritisiert die Theologin und Psychologin Beate Weingardt. Davon, wie schwer es in Wirklichkeit ist, verstehe die Psychologie einiges mehr.

Natürlich: Wenn alles gut läuft, vergessen die Beteiligten irgendwann, dass es überhaupt etwas zu verzeihen gab. Dass es bis dahin oft ein weiter Weg ist, zeigen aber nicht zuletzt unzählige schwierige Beziehungen zwischen den Generationen. Im folgenden Kapitel werfe ich deshalb einen etwas genaueren Blick auf den Lebensbereich, der uns alle begleitet und prägt, ob wir wollen oder nicht: die Familie.

Es ist nie zu spät: Verzeihen zwischen den Generationen

»Man verzeiht, solange man lebt.«
François de La Rochefoucauld

Wie Picassos Enkelin Marina mit einem belastenden Erbe fertig wurde und ihrer Familie einiges verzieh

»Ich fühle mich wohl. Sehr wohl«, schreibt sie am Schluss. Auf den 200 Seiten des Buches *Grand-père*, die die Leserin da schon hinter sich hat, war das selten der Fall. Marina Picasso, Tochter von Picassos Sohn Paolo aus erster Ehe, Jahrgang 1950 und geboren im südfranzösischen Cannes, ist 23 Jahre alt, als ihr Großvater 1973 stirbt. Da haben sie und ihr etwas älterer Bruder, der sich wenig später das Leben nehmen wird, eine Kindheit und Jugend in Armut hinter sich. Für die sie sich schämen, weil alle Welt die Träger des illustren Namens für unermesslich reich hält. Marina Picasso malt ein deprimierendes Bild ihrer Kindertage: Ihr Großvater, der Maler-Milliardär, bleibt für sie weitgehend unnahbar. Wenn die Enkel ihn besuchen dürfen, dann nur kurz, der Meister wird von seiner Ehefrau Jacqueline abgeschirmt, die Kinder müssen leise sein, fühlen sich unerwünscht, die Ziege Esmeralda dagegen, das »Haustier« des Meisters, darf alles.

Der Großvater bleibt auf Distanz. Seine Kinder, Marinas Eltern, kreisen zeitlebens um ein Genie: Der Vater Paolo schafft es nicht, sich von einem Übervater freizumachen, der enttäuscht von ihm ist und nicht davon ablässt, ihn zu demütigen. Die Mutter Emilienne hat ihn vor allem geheiratet, weil er diesen berühmten Namen trägt. Die Eltern trennen sich früh, doch der Maler bleibt der Fixstern im Leben der Ex-Schwiegertochter. Kurze Zeit konnte sie als Partnerin des Sohnes dessen Beachtung genießen. Ein ganzes Leben lang versucht sie, jede neue Mode, jedes politische Ereignis mit seinen Augen zu sehen. Und hadert mit dem berühmten Mann, von dem sie immer wieder Geld für die Erziehung seiner Enkel erbittet.

In diesem »Picasso-Universum« drohen zwei sensible, begabte Kinder unbemerkt zu verkümmern.

Wer »schuld« daran ist, dass sie so oft auf sich gestellt sind, kann die Autorin nicht genau beantworten. Als junge Frau wurde sie, nachdem ihr Vater Paolo noch vor dem Tod Pablo Picassos Selbstmord begangen hatte, zur reichen Erbin. Ihr Geld hat sie zum großen Teil in ein Waisenhaus-Projekt für vietnamesische Kinder gesteckt, denen sie eine gute Kindheit ermöglichen möchte. Um die komplizierte Zeit des eigenen Heranwachsens zu bearbeiten, hat sie 14 Jahre lang eine Psychoanalyse gemacht.

Heute sehe sie, dass sie lange Zeit ein völlig verzerrtes Bild von diesem berühmten Picasso gehabt habe, schreibt sie in ihrem Buch. Bei ihren Eltern war der Milliardär als Geizkragen verschrien, für die Enkelkinder war er eine einschüchternde Figur, in den Augen seiner letzten Ehefrau ein Gott. »Von dieser Legende genährt, dachte ich lange Zeit, er allein sei verantwortlich für unser Elend.« Nur Pablo Picasso trug in ihren Augen die Schuld am Unglück ihrer verlassenen Großmutter, ihrer ständig mit Geldproblemen kämpfenden Eltern, ihres depressiven Bruders. Wenn überhaupt von Schuld die Rede sein kann, dann verteilt sie sich aus der heutigen Sicht der Autorin auf mehrere Erwachsene, vor allem aber sind es die Eltern, die die Verantwortung tragen. Den großen Maler selbst sieht Marina Picasso heute als einen Menschen mit autistischen Zügen, der sich nur in seinem künstlerischen Werk ausdrücken konnte.

Kann sie den Eltern heute die schwere Kindheit und den Tod des geliebten Bruders verzeihen? »Pardonner« – dieses Wort fällt nicht. Dafür ist oft vom Verstehen die Rede. Und von dem Moment, an dem Marina Picasso beginnen konnte, nach vorn zu schauen. Heute kann sie den berühmten Namen offensichtlich für ihre Projekte nutzen. Ab und an macht sie sich sogar einen Ausspruch des berühmten Großvaters für ihr Leben zunutze. »Wenn ich kein Blau habe, dann nehme ich einfach Rot«, hat der einmal gesagt. Auch wer nicht malt, kann das nachvollziehen: Manches kann man sich nicht aussuchen, allem voran die eigene Familie und die Art, wie man als Kind behandelt wird. Aber man kann das Beste daraus machen.

Verzeihen lernen

»Kinder geben Erwachsenen Hunderte von neuen Chancen«
Ein Gespräch mit dem Kinder- und Jugendpsychiater Dr. med. Oliver Bilke über Natascha Kampusch, die entwicklungspsychologischen Voraussetzungen des Verzeihens und den Vertrauensvorschuss, den Heranwachsende ihren Eltern geben

Mit zehn Jahren wurde sie auf dem Schulweg von einem Mann in einem weißen Kastenwagen entführt. Von März 1998 bis Ende August 2006 lebte sie völlig isoliert in einem schalldichten Verlies, das ihr Entführer im Keller seines Elternhauses eingerichtet hatte. Erst dann gelang es der inzwischen 18-Jährigen, einen der seltenen Momente an der frischen Luft zu nutzen, um dem Täter zu entkommen: Sie hatte den Staubsauger laufen lassen, mit dem sie sein Auto reinigte, während er ein Gespräch am Handy führte. Seine Ablenkung war ihre Rettung. Kurz nach ihrer Flucht hat er sich das Leben genommen.

Der Fall Natascha Kampusch bewegte im Jahr 2006 und darüber hinaus Österreich und die gesamte Welt: Wie sieht eine junge Frau aus, die entscheidende Entwicklungsjahre in einem dunklen feuchten Keller verbracht hat, isoliert, bedroht und unterernährt? Wie denkt sie, wie spricht sie, was weiß sie überhaupt von der Welt? Ein unbeschreiblicher Medienrummel setzte ein, den die zuständigen Psychotherapeuten in der ersten Zeit geschickt zu lenken wussten. Von Anfang an fiel auf, wie klar und klug Natascha Kampusch, die sich während ihrer Gefangenschaft mit Büchern und Fernsehprogrammen offensichtlich ein gutes Bildungsfundament verschafft hatte, ihre Worte zu setzen wusste. Vielen war ihre Gefasstheit andererseits auch unheimlich.

Darf man die junge Frau, die diese Geschichte hinter sich hat, danach fragen, ob sie dem Täter Wolfgang Priklopil verzeihen kann? Glücklicherweise muss man nicht nach ihr suchen und zum wiederholten Male ihre Ruhe stören. Denn für die ARD-Doku *3096 Tage Gefangenschaft*, die im Januar 2010 erstmals ausgestrahlt wurde, haben Peter Reichard und Alina Teodorescu die wichtigen Fragen gestellt. Und inzwischen hat sie sogar selbst ein Buch über ihr Leben im Verlies geschrieben.

»Ich bin kein Opfer«, sagt die Frau mit den langen blonden Haaren und dem klaren Gesicht. Sie hat mit erstaunlicher Bestimmtheit von vornherein klargestellt, dass sie die Rolle des Opfers nicht spielen möchte.

»Ich habe gesagt, dass ich kein Opfer bin, weil ich wusste: Wenn ich das allen sage, würden sie mich nachher nie mehr als normalen Menschen akzeptieren. So sind die Menschen.« Trotzdem hat sie das Gefühl, im Bewusstsein der Öffentlichkeit »einen Stempel auf der Stirn zu tragen: Gewaltopfer«. Sie wünscht sich, dass man ihr normaler begegnen kann, natürlicher, selbstverständlicher. »Die Menschen sollten sich freuen, dass ich das alles halbwegs überstanden habe.« Stattdessen versuche man, zu den Geschehnissen weitere, noch schockierendere Details hinzuzudichten. »Man mag das Schreckliche, so schrecklich es schon ist, nicht lassen, sondern noch einmal ausschmücken.«

Es war furchtbar genug: Kein Sonnenstrahl, nur eine Zeitschaltuhr, die den Lampen und damit der Bewohnerin des Verlieses anzeigte, wann Tag und Nacht war, kein Auslauf, zu kleine Essensrationen, ein kontroll- und putzsüchtiger Bewacher, der einen Menschen ganz für sich alleine pachtete. »Es muss eine wahnsinnige Genugtuung für ihn gewesen sein, dass er jemanden hatte, der nur für ihn da ist«, sagt Kampusch rückblickend.

Denn sie analysiert diesen Wolfgang Priklopil. Sie habe ihn gehasst dafür, dass er sie so quält, sagt sie. Um gleich hinzuzufügen, er sei psychisch labil gewesen, er habe sicher aus der Kindheit vielfältige Verletzungen davongetragen. Und dann festzustellen: »Für seine Krankheit kann der Mensch nichts.« Fehlgeleitet sei er gewesen. Wie könnte es sonst sein, dass ein Mensch es als Lösungsweg für seine Probleme ansieht, ein Kind zu entführen und vor aller Welt zu verstecken? Fast spricht Natascha Kampusch hier, als sei sie die Therapeutin ihres Peinigers, die ihren überlegenen analytischen Blick auf die Geschehnisse richtet. Als hätte sie schon als Kind erkannt, dass er nicht richtig tickt, dass sie, die Heranwachsende, die psychisch Robustere von beiden ist. »Das hat in mir eine Art Mitleid mit dem Täter erweckt.« Ein ungeheuerlicher Satz. Möglicherweise ist er mit dem Stockholm-Syndrom zu erklären. Unter diesem Namen ist die Bindung, die Opfer von Entführungen notgedrungen zu den Tätern aufbauen, in der psychologischen Fachliteratur bekannt geworden. In Stockholm gab es 1973 den Fall von vier Bankangestellten, die nach einem Überfall entführt worden waren und später sogar die Täter im Gefängnis besuchten und um Gnade für sie baten. Dass diese Bindung sich im Wiener Entführungsfall möglicherweise besonders stark entwickelte, hat aller Wahrscheinlichkeit nach damit zu tun, dass die junge Frau, die sich als Erwachsene selbst befreite, als Kind entführt wurde und entscheidende Entwicklungsphasen im Zusammenleben mit dem Entführer durchlief, der auch eine Art Erzieherrolle gehabt haben muss. Sie hatte keinen anderen Menschen um sich, sie hatte keine andere Wahl, als sich einzufühlen in die Seele des Machthabenden. Auch um ihm Paroli zu bieten. An einer anderen Stelle des Gesprächs sagt sie: »Der Kampfgeist hat mich am Leben gehalten.«

Mit dem Abstand von drei Jahren formuliert Natascha Kampusch in der Fernseh-Doku aber noch etwas. Und das wirkt im ersten Moment geradezu schockierend: »Das Geheimnis, warum ich das die ganzen Jahre so durchstehen konnte, ist, dass ich ihm in der ersten Sekunde schon alles verziehen habe. Wenn ich das nicht gekonnt hätte, wäre ich so voller Hass gewesen, dass ich wahrscheinlich auch psychisch zugrundegegangen wäre.«

Geht das überhaupt: So bedingungslos vom ersten Augenblick an verzeihen? Und was bedeutet es, wenn ein Kind verzeiht? Mit dieser Frage im Kopf besuche ich einen Mann, der das Seelenleben von Heranwachsenden besonders gut kennt. Oliver Bilke, Chefarzt der Kliniken für Kinder- und Jugendpsychiatrie des Berliner Klinikkonzerns Vivantes, nimmt sich für unser Gespräch viel Zeit. Es lohnt sich in seinen Augen, über das Thema gründlich nachzudenken. Schon weil das Verzeihen eine Leistung ist, nicht etwa eine Fähigkeit, die wir Menschen schon fix und fertig mit auf die Welt bringen würden. Auch wenn in unserem Gehirn die Fähigkeiten dazu angelegt sind, müssen wir das Verzeihen erlernen.

Am Anfang steht das Vergessen: An Ereignisse aus den ersten drei Lebensjahren kann sich kaum ein Mensch aktiv erinnern. Die frühen Erinnerungen werden durch wiederholtes Erzählen eingeprägt. Das Erinnern scheint an Sprache gebunden zu sein. Für das Verzeihen sind noch andere Fähigkeiten nötig. Schon kleine Kinder lernen zwar, dass sie sich entschuldigen müssen, wenn sie einem anderen Kind etwas weggenommen oder ihm wehgetan haben. Folgt die Wiedergutmachung auf dem Fuß, dann wird das knappe »'Tschuldigung« meist auch schnell und kommentarlos angenommen. Aber hat das etwas mit dem Begriff »Verzeihen« zu tun, wenn auf dem Spielplatz ein Kleinkind aufhört zu weinen, weil es von einem anderen sein Sandförmchen wieder in die Hand gedrückt bekommt? Können kleinere Kinder das überhaupt schon: Einander verzeihen? Wann und wie lernen sie es?

Eine gedankliche Reise zu den Anfängen. »Verzeihen setzt abstrakte Begriffsbildung voraus«, so setzt der Kinder- und Jugendpsychiater an. »Ein Mensch muss in der Lage sein, Vorgänge aus der Vergangenheit neu zu bewerten und die Beziehung zu dem anderen, der ihm etwas angetan hat, trotz etwaiger Vernachlässigungen, Traumata oder anderer Vorkommnisse auf eine reifere Basis zu stellen.« Die Beziehung könne danach durchaus distanzierter sein. »Das ist zum Beispiel der Fall, wenn jemand sagt: Mit meiner Mutter kann ich nach diesen schrecklichen Ereignissen nur drei, vier Dinge tun, mehr nicht, aber ich habe ihr verziehen und das ist schön. Zu solchen abstrakten Gedanken ist ein Kind oder Jugendlicher aber erst ab zwölf, dreizehn Jahren fähig.«

Natascha Kampuschs Aussage, sie habe als zehnjähriges Mädchen ihrem Entführer vom ersten Augenblick an verziehen, interpretiert Bilke deshalb eher als Ausdruck ihres Überlebenswillens. Denn sie war von ihrem Entführer abhängig. »Sie musste begreifen, was wirklich überlebenswichtig für sie war. Da stand an erster Stelle das Essen, an zweiter Stelle kamen die sanitären Bedingungen. In dieser Lage ist sie sozusagen einen Deal eingegangen: Sie musste alles daran setzen, dass der Entführer für sie sorgt. Deshalb hatte sie gar keine andere Wahl, als sich mit ihm zu identifizieren.« In Kampuschs Fall könnte die Fähigkeit zur Einfühlung in den Täter und zur Anpassung an seine Forderungen als Ausdruck einer besonders starken, besonders überlebensfähigen Persönlichkeit gesehen werden. Genau so trat sie auch in den Medien auf. »Ob das wirklich so ist, wird man erst in einigen Jahren beurteilen können«, sagt Bilke. Auf jeden Fall ist Natascha Kampuschs verständnisvolle Haltung dem Täter gegenüber unter Druck zustandegekommen. Sie hatte kaum eine andere Wahl. Ob man unter diesen Umständen von »Verzeihen« sprechen kann, ist natürlich die Frage. Dass sie das aber im Rückblick selbst tut, ist ausgesprochen verständlich, denn es hat mit ihrer Würde zu tun.

Echtes Verzeihen setzt zusätzlich zu einer gewissen intellektuellen Reife noch eine besondere Fähigkeit voraus, die nach Bilkes Worten mit psychischer Strukturbildung zu tun hat: »Der Mensch muss in der Lage sein, negative und positive Erfahrungen zu integrieren. Kleine Kinder trennen das noch voneinander. Teil der Adoleszenz ist es dann, dass man lernt, widerstreitende Dinge persönlicher oder gesellschaftlicher Art zusammenzufügen.« Dafür muss man aber diese widerstreitenden Dinge überhaupt erst einmal erkennen: »Man muss in der Lage sein, sowohl bei einer geliebten als auch bei einer ungeliebten Person die andere, die schlechtere oder bessere Seite wahrzunehmen.« Wie der Jugendliche, der Bilke vor kurzem berichtet hat: »Mein Vater ist ein gewalttätiger Mensch, aber zu meinem kleinen Bruder ist er lieb und freundlich, und er hilft mir auch in Mathe und steht voll hinter mir, wenn ich in der Schule Schwierigkeiten habe.« Erst wenn beide Seiten zu einem realistischen Gesamtbild zusammengefügt werden, entsteht etwas Neues. Doch dafür braucht es eine dritte Voraussetzung: »Funktionieren kann das nur, wenn ich in der Lage bin, meine Gefühle und Affekte zu regulieren.« Bilke erlebt viele Jugendliche, denen das nicht gelingt, die immer wieder von ihrer Wut oder von ihrer Verzweiflung übermannt werden, nachdem sie von anderen Menschen verletzt wurden. Um diese negativen Gefühle zu regulieren, sei eine Art von Trauer nötig, ein gesunder Prozess, der mit Anstrengung und Arbeit verbunden ist und der ebenfalls seine Zeit braucht. Dazu gehört zum Beispiel auch die Trauer um die »idealen« Eltern, die man nicht hat.

Alter, intellektuelle Reife, die Fähigkeit zur Differenzierung sowie die Fähigkeit zur Regulierung der eigenen Gefühle: Das Rüstzeug, das der Mensch braucht, um den Eltern überhaupt verzeihen zu können, ist anspruchsvoll. Hinzu kommen Charaktermerkmale, die von Kind zu Kind verschieden sind. Wie robust ist dieses Wesen, welche Rolle spielen Strafe und Belohnung in seinem Leben? »Es gibt Kinder, für die sind sowohl Strafe als auch Belohnung ganz unerhebliche Größen, die können eigentlich nicht verzeihen: Für sie gibt es nur die grobe Unterscheidung, ob etwas passiert oder nicht passiert. Viele Kinder leben viel stärker in der Gegenwart, sie interessieren sich weniger für Ereignisse, die schon vorbei sind.«

Lieblosigkeit oder Gewalttätigkeit können Heranwachsende in der Regel nicht so schnell vergessen: Meistens haben sie mit den »Tätern« fortlaufend in ihrem Alltag zu tun, es sind die Eltern, die Versorger oder die Lehrer. »Indem das Kind verzeiht, macht es eine Art emotionalen Neustart: Es gibt dem Erwachsenen noch einmal eine Chance. Noch einmal und noch einmal. Kinder geben Erwachsenen Hunderte von neuen Chancen. Aber irgendwann kippt das System, weil der Erwachsene einfach weitermacht.« Das ist der Zeitpunkt, an dem Bilke diese Kinder typischerweise kennenlernt: Denn dann brauchen sie eine Therapie.

In der Verhaltenstherapie wird versucht, mit den Kindern und Jugendlichen neue Verhaltensweisen einzuüben, ihnen zum Beispiel das Differenzieren nahezubringen. In der Systemischen Therapie werden möglichst alle Beteiligten zusammengebracht. »Hier geht es auch darum, dass der Erwachsene tätige Reue zeigt«, berichtet Bilke. »Es soll Neues geschaffen werden, das wachsen kann.« Die Fähigkeit zum Verzeihen des Vergangenen entsteht hier durch den Blick in eine mögliche bessere Zukunft. »Im besten Fall kann ein Mensch später sagen: Ich hatte eine schreckliche Kindheit, aber meine Jugend war schön.« Voraussetzung dafür ist allerdings, dass die Erwachsenen, die durch ihr Verhalten die Kindheit so belastet haben, sich wirklich ändern, oder dass sie aus dem Alltag des Kindes verschwinden. »Es kann deshalb leichter sein, einem Fremden zu verzeihen, mit dem einen nicht viel verbindet und den man nach einer schrecklichen Tat nicht wieder sehen wird, als dem eigenen Vater oder der eigenen Mutter«, gibt Bilke zu bedenken. »Verzeihen will abgeschlossen werden, es kann kein Dauerprozess sein, denn jeder hat das Bedürfnis, die Akte irgendwann zuzumachen.«

Und dann ist da nach seiner Erfahrung noch der Unterschied der Geschlechter. »Jungs neigen viel mehr dazu, Dinge in kurzen Episoden auszuhandeln, und was da ausgehandelt wurde, bleibt über die Zeit ziemlich stabil. Wenn sie sich untereinander oder mit Älteren verständigen, beim Fußball oder in der Schule, dann gibt es kurze, heftige Austausch-Situationen, in denen die Rangfolge bestimmt wird.« Und die bleibt für einen längeren Zeitraum erhalten. »Man akzeptiert die Eigenarten des anderen, man sagt sich: So ist der nun mal, so kennen wir ihn. Mit Mädchen ist das etwas anders: Sie hinterfragen Situationen Tag für Tag, deshalb haben sie auch viel mehr Bedarf, miteinander zu reden und sich auszutauschen.« Verzeihen sei für Mädchen eher eine Art Probehandeln, so Bilke. »Es steht unter Vorbehalt, kann schon morgen, in einer leicht veränderten Situation, nicht mehr gelten.« Die Integrationsfähigkeit der Mädchen gehe einerseits tiefer, sie sei aber weniger stabil als bei den Jungs, meint Bilke. Er glaubt allerdings nicht, dass das vorwiegend auf biologische Unterschiede zurückgeht. Weit wichtiger sind hier wahrscheinlich die Geschlechterrollen, die ein Heranwachsender vorgelebt bekommt und erlernt.

Auch Verzeihenkönnen ist nicht das automatische Ergebnis ausreichender Hirnreifung, sondern setzt Lernprozesse voraus. Was können Eltern, Erzieher und Lehrer tun, um sie zu befördern? Am wichtigsten erscheint dem Kinder- und Jugendpsychiater, dass Eltern die Einfühlungsfähigkeit ihrer Kinder fördern. »Etwa im dritten Lebensjahr beginnen Kinder, sich

Vorstellungen vom Denken und Fühlen der anderen zu machen. Sie schließen aus dem Gesichtsausdruck und dem Verhalten anderer Menschen auf deren Gemütszustand, und das innerhalb von Millisekunden.« Wer mit seinen Kindern immer wieder über Gefühle spricht und ihnen engmaschig Rückmeldungen gibt, hilft ihnen, diese Fähigkeit, die Psychiater als »Theory of Mind« bezeichnen, immer feiner auszuprägen. »Es bringt ganz viel, wenn man die Kinder darin bestärkt, ihre eigenen Emotionen, aber auch die der anderen wahrzunehmen, sie ernst zu nehmen und über sie zu sprechen.« Was Bilke hier sagt, passt zum Konzept seiner Kollegin, der Erwachsenen-Psychiaterin Angela Merkl, in deren Verzeihens-Konzept die Empathie eine entscheidende Rolle spielt.

Der nächste Schritt: Differenzierung und Integration. Das Ziel wäre, neben dem Ärger über den strengen Mathelehrer auch seine positiven Züge wahrzunehmen: Zum Beispiel, dass er gerecht ist und Zusammenhänge gut erklären kann. »Es ist ja überhaupt eine wichtige Voraussetzung für seelische Gesundheit, widerstrebende, nicht eindeutige Tendenzen aushalten zu können.« Eltern können das unterstützen, indem sie aufmerksam zuhören und durch Fragen und Bemerkungen die »Hoffnungsschimmer« hervorheben, die in den Klagen des Kindes über einen Lehrer oder einen Mitschüler aufblitzen: So schlimm scheint er doch nicht zu sein, das, was du da gerade erzählst, zeigt doch auch eine andere Seite. »Damit plädiere ich nicht für eine allgemeine Großzügigkeit und Konfliktvermeidung«, betont Bilke. »Wenn der Lehrer sich wirklich als Ekel erweist, müssen die Eltern ihn nicht verteidigen. Sie sollten ihren Kindern nur helfen, eine differenzierte Sicht zu gewinnen.«

Gerade in der Phase vor der Pubertät, wenn die abstrakte Begriffsbildung einsetzt, kümmern sich viele Eltern heute nicht genug um die emotionale Entwicklung ihrer Kinder, so sein Eindruck. »Die Kinder wirken dann so, als kämen sie schon ganz gut allein zurecht, weil sie noch nicht die Schwierigkeiten machen, die für die Pubertät charakteristisch sind. Doch gerade in dieser Phase muss man dranbleiben. Es genügt nicht, den

Zehn- bis Zwölfjährigen nur Sachthemen wie Pflanzen, Tiere und Technik nahezubringen.« Als «Aufhänger« für Gespräche über Emotionen und menschliche Verhaltensweisen empfiehlt Bilke Filme, die man gemeinsam angeschaut hat, oder Bücher, die man gemeinsam liest. »Es ist leichter, über zickiges Verhalten zu sprechen, wenn es um Melanie aus *Die wilden Hühner* geht.« Für Erwachsene ist Melanie eine »erfundene« Figur. »Doch Kinder denken noch stärker als Erwachsene in Geschichten, sie erzählen auch ihre Lebensgeschichte immer wieder neu und geben ihren Erlebnissen innerhalb einer Geschichte Sinn.« Wenn man mit Kindern über das Verhalten fiktiver oder realer Personen diskutiere, dürfe man allerdings nicht erwarten, dass sie lange bei der Stange bleiben, mahnt Bilke. Umso wichtiger sei der ständige direkte Draht, der in vielen Anläufen immer wieder ein neues Gespräch ermöglicht. »Die Eltern müssen in Bereitschaft sein«, sagt Bilke. Eine Haltung, die sich auch für die darauf folgende Pubertät ihrer Sprösslinge empfiehlt.

Denn jetzt brechen Konflikte offen aus. Die Jugendlichen sehen die bisher idealisierten Erwachsenen kritischer, die Eltern wiederum nehmen es ihnen übel, dass sie zwar inzwischen erwachsen aussehen, sich aber keineswegs so verhalten. »Dabei ist die Hirnreifung erst mit 20 oder 21 Jahren wirklich abgeschlossen«, gibt Bilke zu bedenken. »Die Hirnareale brauchen unterschiedlich lange, um auszureifen. Und die Verbindungsbahnen zwischen den Hirnanteilen im Stirnhirn, die für Werte, Normen, abstraktes Denken und gesellschaftliche Integration und denen, die für Emotionalität, Gefühle und Impulse zuständig sind, sind als letzte an der Reihe.« Viele Jugendliche sind also intellektuell wesentlich reifer als emotional. Anderen mit Nachsicht zu begegnen, lässt ihr erstarkendes Ego kaum zu. »Wenn Jugendliche Angst davor haben, sich selbst zu kränken, indem sie immer wieder verzeihen, dann lassen sie das lieber ganz sein. In dieser Lebensphase ist man ja sehr gut im Aushalten von Schwebezuständen, man ist überzeugt davon, dass sich das Thema irgendwie von selbst lösen wird.«

Doch nicht nur die Pubertät ist voller Widersprüche, sondern auch das große Feld des Verzeihens. Verzeihen zu müssen mag eine narzisstische Kränkung sein. Andererseits kann es dem Ego auch schmeicheln, versöhnlich aufgelegt zu sein. »In dem Moment, in dem ich das Konstrukt des Verzeihens für mich entdeckt habe, kann ich mich ja moralisch überlegen fühlen.« Für Jugendliche, die sonst in vielen Bereichen unterlegen sind, ist eine solche »gönnerhafte« Haltung eine verlockende Möglichkeit. Gerade für Jungen, die von ihren Vätern körperlich misshandelt wurden, sei aber oft auch der Zeitpunkt ganz entscheidend, an dem sie ihren Eltern körperlich gewachsen oder gar überlegen sind, berichtet Bilke. »Das ist ein sehr beruhigendes Gefühl, und oft kann der männliche Jugendliche dann sagen: Dem Schwächeren kann ich verzeihen. Ich könnte schließlich auch dagegenhalten, ich könnte einen Kampf gewinnen.« Auch intellektuelle Überlegenheit werde oft im Lauf der Zeit zu einem solchen Schutzfaktor.

Wenn die Gefühlswelt der Fasterwachsenen nachgereift ist, wird das Verhältnis der Generationen meist wieder entspannter. Vorausgesetzt, es gab keine schweren, nachwirkenden Verletzungen. »Einige junge Erwachsene distanzieren sich allerdings auch für viele Jahre von ihren Eltern«, sagt Bilke. »Es findet erst wieder eine Annäherung statt, wenn sie eigene Kinder haben. Sie müssen zunächst ihr eigenes Leben aufbauen, um mit ihren Eltern ins Reine zu kommen.« Und jeder kennt die Fälle, in denen das ein ganzes Leben lang nicht gelingt. Nicht immer kommt es zur Versöhnung. Doch sehr oft gibt es auf allen Seiten viel zu verzeihen.

»Ich möchte gar nicht so viel Müll im Kopf haben«

Ein Gespräch mit Ann-Kathrin N. über kindliche Demütigungen, notwendige Abgrenzungen und mögliche Wiederannäherungen zwischen Kindern und Eltern

Wir sind an einem sonnigen Frühlingsnachmittag auf der großen Terrasse eines Cafés verabredet. Rendezvous mit einer Unbekannten. Ich lasse die Blicke schweifen. Wo sitzt eine Frau allein an einem Tisch? Dass schließlich sie es ist, die mit einem Lächeln auf mein erkennbares Suchen antwortet, verblüfft mich: Sie ist noch so jung! Dabei muss sie, nach ihrem Blog zu urteilen, ziemlich lebenserfahren sein. Dort schreibt Ann-Kathrin N. seit ein paar Monaten eine Art Gedanken-Tagebuch. Sie analysiert Alltagssituationen, reflektiert über Gott und die Welt oder hinterfragt Begriffe. Dabei gibt sie nichts Persönliches preis. Mich hat besonders hellhörig gemacht, dass es in den Texten immer wieder auch um das Verzeihen geht. Die Autorin verwendet den Begriff Vergeben. Sie schreibt davon, dass Vergeben Klarheit in den Kopf bringt und Ruhe in die Seele. Dass man nicht eine Tat vergeben müsse, sondern einem »Täter«. Die Tat könne man nicht ungeschehen machen, möglicherweise sei sie nicht zu entschuldigen, so ihr Gedankengang, den wir schon von der Philosophin Hannah Arendt kennen. Der Mensch jedoch, der sie begangen hat, ist mehr und anderes als ein »Täter«. »Ich vergebe deine Schwächen, weil es keine Schwächen sind, sondern der Weg zu deinem Glück«, heißt es in einem der Texte. Was für ein Mensch ist die Frau, die so etwas schreibt? Ich bin neugierig auf die persönlichen Erfahrungen, die sich hinter diesen Einsichten verbergen. Wie schön, dass sie bereit ist, darüber zu berichten.

Sie müsse weit ausholen, so beginnt die 28-Jährige ihre Erzählung. Sie wurde als fünftes Kind in eine Großfamilie in einem kleinen Ort in Sachsen-Anhalt hineingeboren. »Hineingeboren« ist aber eigentlich nicht ganz richtig, es klingt viel zu geborgen. An ihre leiblichen Eltern, die nach ihr noch weitere Kinder bekamen, kann Ann-Kathrin N. sich nicht erinnern, von ihren Geschwistern kennt sie keinen einzigen. Denn alle

Kinder kamen ins Heim, sie wurden auf verschiedene Einrichtungen verteilt. Einen Grund dafür kennt sie nicht. »Ich weiß nur: Ich kam mit knapp drei Jahren in ein Heim, und ich bin ein Jahr später adoptiert worden.« Das Ehepaar, das sie adoptierte und dessen Namen sie heute trägt, hatte sie zunächst »probeweise« an den Wochenenden zu sich genommen. »Meine Mutter hatte sich schon länger ein Kind gewünscht und keines bekommen. Mein Vater, der aus einer früheren Beziehung eine Tochter hatte, war skeptischer, er wollte wohl nicht noch einmal Vater werden. Aber meine Mutter hat ihn überredet, mich zu adoptieren.«

Ann-Kathrin N. war zu diesem Zeitpunkt vier Jahre alt, sie hat den Wechsel bewusst mitbekommen. Und sie ahnte dumpf, dass zwischen ihr und den neuen Eltern nicht das gleiche Verhältnis bestand, das sie in anderen Familien, im Kindergarten, in der Schule und in der Nachbarschaft erlebte. Ihre Adoptiveltern taten sich aber offensichtlich schwer, mit Ann-Kathrin N. offen darüber zu sprechen, was bei ihnen »anders« war. Gesagt haben sie es ihr erst, als sie acht oder neun Jahre alt war, fast zeitgleich mit der Wende. Als im ganzen Land das Enthüllen lang gehegter Geheimnisse die Beziehungen zwischen vielen Menschen veränderte. »Da kam diese Situation, in der wir in der Küche saßen und sie herumdrucksten und schließlich damit anfingen, dass sie mir etwas sagen müssten. Dass ich nicht ihr Kind sei. Ich konnte ihnen darauf nur ganz trocken antworten, dass ich das schon längst wüsste. Ich glaube, da ist ihnen ein Stein vom Herzen gefallen. Andererseits waren sie aber auch schockiert darüber, dass ich so viel mitbekommen hatte.«

Auch wenn Ann-Kathrin N. in dieser Situation so cool reagierte, auch wenn sie schon lange geahnt hatte, dass sie nicht das leibliche Kind ihrer Eltern war: Die Klarheit darüber hätte ihr geholfen, glaubt sie. Sie hat es ihrer Mutter und ihrem Vater später übel genommen, dass sie so lange nicht die Wahrheit erfahren hat. Auch wenn das aus Schwäche geschah. Und obwohl sie heute weiß, dass sie nicht das einzige adoptierte Kind ist, das lange über seine Herkunft im Unklaren gelassen wurde.

»Aber das ist nur das eine«, fährt sie zögernd fort. Denn es gibt noch mehr, das schwer zu verzeihen ist. »Das andere ist, dass meine Eltern schon Jahre vor dieser Enthüllung dem Alkohol verfallen waren, und welche Auswirkungen das auf meine ganze Kindheit hatte.« Ann-Kathrin N. beschreibt einen Vater, der sich jeden Nachmittag nach der Arbeit betrinkt, der laut wird, der ihre Mutter zum Weinen bringt. Eine Mutter, die sich nicht mehr zu helfen weiß, zunehmend selbst trinkt, antriebsarm und depressiv wird. Einen Vater, der seine Tochter immer wieder verprügelt, eine Mutter, die sie nicht schützt. Eine Tante, die Schwester ihres Vaters, die mit ihrer Familie in der Wohnung über ihnen wohnt, ihre Nichte schreien hört und nicht eingreift. Obwohl sie in der Erziehung ihrer eigenen Kinder ganz andere Maßstäbe setzt. »Das habe ich alles als normal hingenommen, ich kannte es ja nicht anders.«

Eigentlich habe sie erst vor einem Jahr begonnen, intensiv und zusammenhängend darüber nachzudenken, sagt Ann-Kathrin N., nämlich als sich ihre Eltern trennten. Sie selbst hatte da schon eine kleine Tochter, nahm an einem Seminar für Existenzgründer teil, war gleichzeitig daran gewöhnt, ihre Eltern auf vielfältige Art zu unterstützen. »Es war ein ziemliches Tohuwabohu. Und ich habe gemerkt, dass ich immer saurer wurde auf meine Eltern.«

In dieser Situation sei sie erstmals auf die Suche nach dem Schuldigen gegangen, berichtet Ann-Kathrin N. »Die größte Schuld habe ich meiner Mutter gegeben, und das habe ich ihr auch gesagt. Ich habe sie klipp und klar damit konfrontiert, wie viele Macken ich aus der Kindheit mitgenommen habe, und dass sie daran schuld ist.« Natürlich werfe sie ihrer Mutter nicht vor, dass ihr Vater sie geschlagen habe. »Aber sie hat mich nicht beschützt. Als meine Mutter hätte sie mit mir weggehen müssen, das wäre die einzige Lösung gewesen. Sie wollte mich haben, als ich im Heim war, sie ist diejenige, die die Verantwortung trägt, sie hat mich zu sich genommen und musste mit den Konsequenzen leben. Es war ihre Pflicht, mir nicht nur etwas zu essen zu geben, sondern auch Liebe, Sicherheit und Vertrauen.«

Ihren Vater möchte sie dadurch nicht entlastet sehen. Allerdings macht sie hier einen Unterschied zwischen ihren Eltern: »Mein Vater ist ein gutes Stück älter als meine Mutter, er hatte einen Herzinfarkt, er ist inzwischen ein gebrochener Mann, er wurde verlassen, er ist jetzt allein, und er tut mir irgendwie auch leid. Er trägt eine Schuld, aber ich kann sagen, dass ich ihm vergeben habe.« Das heiße keinesfalls, dass sie nun wieder seine Nähe suchen würde oder sich ein freundschaftliches, familiäres Verhältnis im Augenblick auch nur vorstellen könne. »Ich habe noch viel zu verarbeiten, ich brauche Distanz, aber ich habe ihm vergeben und wünsche ihm einen friedlichen Lebensabend.«

Vergeben, das bedeutet für die junge Frau: »Ich lasse los, ich verkrampfe mich nicht mehr und gebe damit etwas ab, das meinen Kopf und meinen Körper belastet.« Ob sie das wirklich könne, merke sie an ihren eigenen Reaktionen. Bei ihrem Vater hat es offensichtlich geklappt. »Wenn ich meinen Vater in der letzten Zeit besucht habe, wir über alte Dinge gesprochen haben und ich danach nach Hause gegangen bin, dann war das zwar schwierig, aber sobald ich nach Hause kam, war die Schranke auch wieder zu, ich habe nicht weiter darüber nachgedacht.« Quälendes Grübeln gibt es offensichtlich nicht mehr.

Mit der Mutter ist das weniger einfach. Derzeit herrscht Funkstille zwischen den beiden Frauen. »Sie hat vor kurzem wieder versucht, Kontakt aufzunehmen, weil meine Tochter Geburtstag hatte. Doch alles, was sie tut, unternimmt sie nur ihrem eigenen Ego zuliebe. Sie will die gute Großmutter sein, die an ihre Enkelin denkt und ihr eine Karte schickt. Mich fragt sie nicht, wie es mir geht, sie hat nie den Wunsch geäußert, noch einmal mit mir zu reden, um zu verstehen, was ich mit meiner Kritik meine und was sie tun könnte.« Ann-Kathrin N. wünscht sich etwas, das ihre Mutter schon in ihrer Kindheit nicht für sie tun konnte: »Sie soll kämpfen! Ich möchte sehen, dass ich ihr wirklich etwas wert bin.« Dabei ist sie sich bewusst, dass sie das in so deutlicher Form von ihrer Mutter nicht erwarten kann. Trotzdem möchte sie auch ihr verzeihen können. »Ich bin auf dem Weg dahin, aber ich schaffe es noch nicht.«

Warum hat die Mutter es jetzt fertiggebracht, sich von ihrem Mann zu trennen, der schon älter und zudem krank ist, aber nicht damals, als sie, die Adoptivtochter, unter seinen Schlägen gelitten hat? Die Frage bleibt unbeantwortet.

Als hilfreich empfindet Ann-Kathrin N. die Einsicht, dass auch ihre Mutter eine schwere Kindheit hatte. »Ich verstehe, dass die Dinge, von denen sie mir erzählt hat, auch bei ihr zu ziemlich großen Macken geführt haben. Je mehr ich darüber nachdenke, desto besser gelingt es mir, auch hier loszulassen. Aber es bleibt ein bitterer Nachgeschmack.«

Der bittere Nachgeschmack hat auch mit Vorkommnissen zu tun, die Ann-Kathrin N. als »seelische Demütigungen« beschreibt. »Eigentlich war ich ein sehr ›einfaches‹, devotes Kind. Ich war still und angepasst. Prügel habe ich aber schon aus ganz nichtigen Anlässen bekommen, zum Beispiel, wenn ich hingefallen bin und meine Hose ein Loch hatte.« Ein Kind, das für Kleinigkeiten bestraft wurde, für Ungeschicklichkeiten, die ohne böse Absichten passierten. »Am schlimmsten war es bei Familienfeiern, wenn der Alkoholpegel schon gestiegen war. Dann zogen meine Eltern vor Verwandten und Bekannten über mich her, dann geschahen Dinge, die mich nachhaltig verletzt haben.« Die gute Schülerin, die später ohne Probleme ihr Abitur machte und eine Ausbildung als Hotelfachfrau absolvierte, wurde von den Eltern als faul, dumm und schlecht abgestempelt. »Das hatte keine Grundlage, ich konnte mich in diesen Beschreibungen nicht wiedererkennen, ich wusste schließlich, dass ich alles tat, was sie von mir erwarteten.« Sie sei schon deshalb immer bedachtsam und vorsichtig gewesen, weil sie Angst vor den schmerzlichen Konsequenzen gehabt habe, wenn auch nur ein kleiner Fehler passiert wäre. »Wahrscheinlich habe ich einfach ausgestrahlt, dass ich mich als ›Opfer‹ eigne.« So hätten auch andere in ihrem Umfeld das ängstlich wirkende Kind immer wieder für Demütigungen ausgenutzt.

In der großen Verwandtschaft hatte sie oft das Gefühl, nicht wirklich dazuzugehören, anders zu sein als die anderen. Heute urteilt sie: »Ich war ja adoptiert, und es gab sicher viele, die nicht damit klarkamen.« Sicher hätten auch ihre Eltern darunter gelitten, in dieser kinderreichen Umgebung keinen »eigenen« Nachwuchs vorweisen zu können. Diese Unzufriedenheit und Unsicherheit wurden an die Tochter weitergegeben.

Heute, mit zeitlichem Abstand, kann Ann-Kathrin N. vieles deuten und zuordnen. Doch das familiäre Mobbing hat sie geprägt: Nach wie vor empfindet sie es als besonders belastend, wenn Menschen Behauptungen über sie aufstellen, in denen sie sich nicht wiedererkennt. Doch inzwischen sagt sie das mit bemerkenswert fester Stimme.

Womit sie fertigwerden muss, das ist nicht zuletzt die Macht, die in der Kindheit und auch in den Jugendjahren über sie ausgeübt wurde. Heute hat sie dem etwas entgegenzusetzen. Kurz bevor sie damals von zu Hause wegging, erlebte sie diese Übermacht jedoch besonders deutlich. »Als ich mit 16 einen Freund hatte und meine Eltern davon erfuhren, haben sie mich zum Beispiel gezwungen, vor ihren Augen am Telefon mit ihm Schluss zu machen. Für einen Teenager ist das absolut nicht begreifbar.«

Nach dem Abi wollte sie dann möglichst schnell weg und hat ihre Ausbildung in Baden-Württemberg begonnen. »Ich wollte endlich meine Freiheit. Und die hatte ich trotz der vielen Arbeit. Ich bin richtig aufgeblüht, habe vieles ausprobiert, auch mit meinem Äußeren. Ich habe mir als erstes die Haare gefärbt, was ich mich zu Hause nie hätte trauen dürfen.«

Die Geborgenheit und familiäre Unterstützung, auf die sie nicht ganz verzichten konnte, erfuhr sie in dieser Zeit von ihrer fünf Jahre älteren Halbschwester, der Tochter ihres Vaters aus einer früheren Beziehung. Die hatte nach langen Jahren der Funkstille mit ihrem Vater Kontakt aufgenommen, als Ann-Kathrin N. 13 Jahre alt war. »Bald kam sie nur noch meinetwegen, sie hat gesehen, was in unserer Familie ablief, sie wollte mich schützen. Tatsächlich konnte sie nicht viel für mich tun, aber wir fuhren immer wieder mit dem Auto wohin, etwas erleben, sie schenkte mir tolle Klamotten und war einfach liebevoll mit mir.« Ihren Eltern sei das irgendwann überhaupt nicht mehr recht gewesen, sie versuchten, den Kontakt zu verhindern: »Sie hatten Angst, mich zu verlieren.«

Über solche Vorkommnisse wie das telefonische Schlussmachen mit dem ersten Freund hat Ann-Kathrin N. bisher nicht mit ihren Eltern gesprochen. Sie sind ja auch weniger greifbar, weniger objektivierbar als die direkte, körperliche Gewalt. Mit der hat sie ihren Vater allerdings konfrontiert. »Er weiß, dass er das getan hat, er hat sich auch dafür bei mir entschuldigt, aber ich kann nicht beurteilen, wie tief das bei ihm wirklich geht, ob er es überhaupt richtig versteht und bereut.« Ann-Kathrin N. ist sich ziemlich sicher: »Mein Vater weiß nicht, was er mir angetan hat. Er kann sich nicht in mich hineinversetzen.« Sich in andere Menschen hineinzuversetzen falle ihm schließlich grundsätzlich schwer. »Überhaupt habe ich das Gefühl: Meine Eltern wissen gar nicht, was ich eigentlich meine, sie halten viele Dinge, die sie mir angetan haben, wahrscheinlich für ganz normal.« Ann-Kathrin N. kann heute sagen: »Ich bin ihnen dankbar dafür, dass ich bei ihnen bleiben konnte, dass ich nicht von einer Familie in die andere geschubst worden bin, dass ich nicht hungern musste. Andererseits war das ihre Pflicht, und es gibt viele andere Dinge, die sie mir nicht gegeben haben. Ich wünsche mir, dass sie das endlich einsehen.«

Davon macht sie ihre Bereitschaft, mit dem Vergangenen abzuschließen, aber nicht abhängig, sonst könnte sie nicht sagen, dass sie ihrem Vater verziehen hat. »Mit meiner Mutter ist das schwieriger. Es kann sein, dass ich von ihr viel eher eine Einsicht und eine persönliche Entschuldigung brauche.« Sie wünscht sich immer noch ein Zeichen, das ihr zeigt, dass ihre Mutter doch einige Dinge versteht. Andererseits bezweifelt Ann-Kathrin N., dass ihre Mutter sich überhaupt bei ihr entschuldigen könnte. »Ich merke, dass meine Erwartung im Moment gerade in Resignation umschlägt. Ich sage mir, dass sie wahrscheinlich gar nicht anders kann, dass sie immer und ewig denken wird, sie hätte ihre Sache gut gemacht.«

Einmal gab es eine Art Entschuldigung, eine, die Ann-Kathrin N. besonders wehgetan hat. Nach einem etwas heftigeren Wortwechsel hatte sie ihre Mutter gebeten, sich erst wieder zu melden, wenn sie ihr wirklich etwas zu sagen habe. »Nach einigen Wochen rief meine Mutter an. Sie sagte: ›Ich entschuldige mich dafür, dass ich dich adoptiert habe.‹ Ich weiß nicht, wie sie das gemeint hat. Vielleicht wollte sie endlich die Wahrheit sagen, vielleicht bereut sie die Adoption tatsächlich. Vielleicht wollte sie aber auch nur provozieren. Auf jeden Fall hat es sehr wehgetan.«

Wenn Ann-Kathrin N. sich trotzdem auf einem guten Weg fühlt, auch mit dem Verhalten ihrer Mutter nach und nach halbwegs ihren Frieden zu machen, so hängt das vor allem mit Veränderungen in ihrem eigenen Leben zusammen. Einerseits natürlich damit, dass sie selbst eine Tochter hat, die inzwischen vier Jahre alt ist. Ein leibliches Kind: Damit hat sie ihrer Mutter eine Erfahrung voraus, die diese sich als junge Frau sehnlich gewünscht hatte. Zweitens aber hat es mit ihrem neuen, zehn Jahre älteren Partner zu tun, mit dem sie inzwischen ein gutes Jahr zusammenlebt. »Das ist noch nicht so lang, aber ich habe das Gefühl, ich kenne ihn schon ewig.« Auch ihm hat das Leben einige Wunden geschlagen. Das große Glück der beiden scheint zu sein, dass sie darüber reden können. »Er kennt meine ganze Geschichte, und er unterstützt mich mit seinem klaren Verstand und seiner großen Feinfühligkeit. Er hält mir immer wieder den Spiegel vor, und was ich darin sehe, ist manchmal brutal. Aber in diesem einen Jahr habe ich unglaublich viel aufgearbeitet.« Abgesehen von der Beziehung zu ihrer Tochter und ihrer Halbschwester sei das die erste tiefe Bindung, die sie in ihrem Leben spüre, sagt die 28-Jährige. »Wenn ich jetzt zurückschaue, sage ich mir, dass ich vorher blind war für alles, was passiert ist, und für das, was es mit mir angerichtet hat.«

In Ann-Kathrin N.s Fall setzte das Bewusstsein darüber, dass sie schwere Verletzungen davongetragen hat, relativ spät ein. Man hat fast das Gefühl, früher hätte sie es gar nicht zulassen können. Erst jetzt, als Mutter eines eigenen Kindes und als Partnerin eines sensiblen und intelligenten Mannes, mit dem sie über alles reden kann, gelingt ihr ein neuer Blick auf die Vergangenheit. Und dieser Prozess wurde begleitet von dem Gedanken, dass es schön wäre, verzeihen zu können. Daran arbeitet Ann-Kathrin N., das wird in unserem Gespräch immer wieder deutlich.

Dabei hilft ihr die Überzeugung, dass sie es inzwischen besser hat als ihre Mutter. Unter anderem, was die Unterstützung in Erziehungsfragen betrifft. Der Berliner Verein Sternenkind hat der zunächst alleinerziehenden Mutter beim Umgang mit ihrer kleinen Tochter unter die Arme gegriffen. Ann-Kathrin N. hat dort alles Wesentliche über Kindererziehung erfahren. Eben das, was sie selbst in ihrem Elternhaus nicht lernen konnte. Auf diese Weise hatte sie Rückendeckung beim Nachdenken darüber, was sie sich für ihre Tochter wünscht und bei der emotionalen Abgrenzung von ihren Eltern. Es ist ihr jetzt bewusst, dass sie etwas erlebt hat, was ihren eigenen Eltern nicht vergönnt war: Die ersten vier Lebensjahre eines Kindes. Wenn sie ihnen also inzwischen vieles verzeihen kann, dann nicht zuletzt aus dieser Überlegung heraus. Ihre Eltern hatten es schwerer als andere, eine selbstverständliche, tragfähige Bindung zu ihrem Kind aufzubauen. In dieser Hinsicht ist Ann-Kathrin N. inzwischen in einer überlegenen Position, ganz abgesehen von ihrer bemerkenswerten Fähigkeit zur Reflexion. »Viele Fehler, die meine Mutter gemacht hat, habe ich ihr von vornherein verziehen. Ich bin ja eigentlich kein nachtragender Mensch, ich kann schnell vergessen, ich möchte gar nicht so viel Müll im Kopf haben. Ich beziehe auch nicht alles auf mich, ich denke nicht, dass andere mich mit ihrem Verhalten unausgesetzt bestrafen wollen.«

Wenn Ann-Kathrin N. vom Verzeihen spricht, dann meint sie eher kleinere Fehler. Vergeben ist nach ihrem Verständnis ein größerer, umfassenderer Akt. Es kann auch ein Kraftakt werden. Dabei helfe ihr mittlerweile auch ihre religiöse Einstellung, so erzählt Ann-Kathrin N. gegen Ende unseres Gesprächs. Ihr Freund ist Moslem, und auch sie bekennt sich inzwischen zum Islam, einem aufgeklärten Islam, wie sie betont. »In den Religionen gibt es eine Gemeinsamkeit, im Islam wird sie besonders deutlich: Gott liebt dich, egal, wer du bist und was du getan hast. Er vergibt dir deine Schwächen. Wenn Allah so lieben und vergeben kann, dann können wir Menschen das auch. Es muss der richtige Weg sein.« Das heiße aber nicht, dass er einfach wäre. Es falle ihr noch schwer, die Wut auf ihre Mutter loszulassen, »weil mein Stolz an mir rüttelt«, sagt Ann-Kathrin N. Das ist gut nachvollziehbar, wenn man an die Demütigungen denkt, denen sie in ihrer Kindheit ausgesetzt war. Ann-Kathrin N. hat allerdings das Gefühl, dass dieser Stolz – »ein Produkt meines Egos« – sie nicht weiterbringt. »Wer vergeben kann, hat gelernt, über seinem Ego zu stehen.«

Ein hehres Ziel, es klingt sehr sozial und altruistisch, wenn man bedenkt, dass hier eine junge Frau spricht, die erst kürzlich die Religion für sich entdeckt hat. Was Ann-Kathrin N. sich vorgenommen hat, ist jedoch eine Entlastung für sie selbst. Sie hat längst Bekanntschaft gemacht mit der wohltätigen und beruhigenden Wirkung des Verzeihens. Sie weiß, dass es befreien kann, und sie würde sich gern noch ein gutes Stück freier fühlen. »Ich würde die Energie und die Zeit, die es mich kostet, mich über meine Mutter zu ärgern, lieber für die wichtigeren Dinge in meinem Leben nutzen: Mein Kind und meinen Partner.« Die beiden Menschen, die den Anstoß für eine Auseinandersetzung mit dem Kind von damals gegeben haben. Und die ihr auch das versöhnliche Denken erleichtern.

»Um mir selbst zu verzeihen, musste ich verstehen, warum ich mich damals nicht wehren konnte«

Ein Gespräch über sexuellen Missbrauch mit Thomas Schlingmann von der Anlauf- und Beratungsstelle Tauwetter e.V.

Vorbei am Biergarten, wo ein paar junge Leute friedlich in der Sonne sitzen, vorbei am Fahrradladen, der jungen Eltern verschiedene Anhängermodelle zum komfortablen Transport des Nachwuchses anbietet, und am Hoftheater, wo die Plakate für intelligente Comedy-Programme werben. Auch die Räume, die dem Verein Tauwetter hier im Mehringhof in Berlin-Kreuzberg zur Verfügung stehen, sind lichtdurchflutet und wirken heiter. Auf die Lebensgeschichten, die hier erzählt werden, trifft das allerdings nicht zu. Der Verein Tauwetter (www.tauwetter.de) ist eine Anlaufstelle für Männer, die als Jungen sexuell missbraucht oder körperlich und seelisch misshandelt wurden.

Der 52-jährige Thomas Schlingmann hat hier, nach vielen Jobs in alternativen Projekten, seine Lebensaufgabe gefunden. Seit 15 Jahren berät er Jungen und Männer, organisiert Gruppen, hält Vorträge, sammelt Geld. Und das alles in dem Bewusstsein, dass die Geschichten, die ihm erzählt wurden, seiner eigenen in wesentlichen Punkten ähneln.

Er ist bereit, über diese Geschichte Auskunft zu geben. Soweit er sich erinnern kann. Es gibt Gedächtnislücken, vermutet er. Denn die Vorkommnisse, an die er sich erinnert, wiegen schwer. »Was ich sicher weiß: Mein Vater hat mich zwischen meinem 10. und meinem 14. Lebensjahr regelmäßig sexuell missbraucht, er hat mich immer wieder gezwungen, ihn mit der Hand sexuell zu befriedigen, und er hat mich mit der Hand befriedigt.« Die dunklen Stellen in seiner Erinnerung zeugen von dem Verdacht, dass sein Vater ihn auch anal vergewaltigt haben muss. »Das könnte weiter zurückgegangen sein, bis ins zweite oder dritte Lebensjahr, ich weiß es einfach nicht mehr.«

Die Erinnerungen an die Vorkommnisse während seiner Schulzeit sind dagegen unbarmherzig und genau. Angefangen hat alles, als der Vater den Sohn mit der Begründung, er müsse ihn nun sexuell aufklären, ins Hinterzimmer seines Ladens mitnahm und ihn dort über Verhütung mit Kondomen informierte. Demonstriert hat er deren Gebrauch zunächst an sich selbst, verbunden mit der Aufforderung an den Sohn, ihn durch seine Berührung zum Samenerguss zu bringen. »Man muss sich vorstellen: Das fällt in eine Zeit Ende der 60er Jahre hinein, in der einerseits Kinder noch wenig aufgeklärt wurden, andererseits eine erste Welle der sexuellen Befreiung über Deutschland schwappte. Aber ein Bewusstsein dafür, was man selbst wollte, worin Sexualität eigentlich bestehen könnte, war für einen Jugendlichen schwer zu gewinnen. Bei mir war da jedenfalls nichts. Ich konnte meinem Vater einfach nichts entgegensetzen.« Der junge Thomas fühlte sich zudem innerhalb der Familie »auf merkwürdige Weise aufgewertet«. Sein Vater bemerkte offenbar, dass er groß wurde, schenkte ihm Aufmerksamkeit, bemühte sich um ihn. »Inzwischen weiß ich, dass das bei vielen Missbrauchsopfern so läuft.«

Thomas Schlingmann kennt die Konstellation aus unzähligen Beratungsgesprächen. Heute ist er ein ausgesprochen eloquenter, präzise formulierender Mann. »Damals hätte ich schon deshalb niemandem erzählen können, was sich zwischen meinem Vater und mir abspielte, wenn er abends nochmal zu mir ans Bett kam, weil mir die Sprache dafür fehlte.«

Sein Retter war ein Lehrer, dem vermutlich gar nicht bewusst war, wie befreiend sein Vorschlag für den zwölfjährigen Thomas war: Der Lehrer schlug vor, ihn auf ein Internat zu geben. Denn inzwischen waren seine Leistungen weiter abgesackt, außerdem verwickelte er sich immer häufiger in Schlägereien mit Klassenkameraden. »Ohne zu wissen, worum es eigentlich ging, muss dieser Lehrer gespürt haben, dass hier ein Junge in einer Notlage war. Das rechne ich ihm hoch an.«

Thomas Schlingmann hat sich auch im Internat nicht wohlgefühlt, es fiel ihm schwer, sich einzufügen. Dafür war er den Übergriffen seines Vaters »nur noch« in den Ferien ausgesetzt. Wirklich befreit hat ihn, dass er eines Tages zurückgeschlagen hat, als der Vater ihn wieder einmal verprügelte. »Da muss etwas gekippt sein.« Was Schlingmann hier berichtet, passt zu den Beobachtungen des Psychiaters Oliver Bilke: Für viele Jungen, die unter gewalttätigen Vätern leiden, ist der Zeitpunkt ganz entscheidend, an dem sie erkennen, dass sie körperlich genauso stark sind.

Darauf folgte dann bald die Abnabelung von der Familie. Erst mit Anfang 30 hat Thomas Schlingmann begonnen zu begreifen, was ihm als Heranwachsendem widerfahren ist. Er war damals mit einer jungen Frau zusammen, die selbst mit Missbrauchserfahrungen aus der Kindheit zu kämpfen hatte. Erst da wurde ihm wirklich bewusst, welche Übergriffe sich sein Vater geleistet hatte. Und dass auch dafür das Wort Missbrauch passte.

Welche Gefühle hat diese Erkenntnis in ihm ausgelöst? »Die ersten Gedanken waren Rachegedanken. Ich dachte nur: Ich fahre hin und haue ihn kurz und klein! Und sage allen, was er getan hat! Die verrücktesten Phantasien eben. Mir war schlagartig klargeworden, in welchem Zusammenhang der

Missbrauch mit einigen Verhaltensweisen stand, die ich an mir nicht mochte, die ich aber nicht ablegen konnte. Was der Missbrauch mit mir gemacht hat.«

Hatte er die Vorkommnisse vorher komplett verdrängt? »Nein, aber ich habe das Etikett entfernt«, antwortet er nach intensivem Nachdenken. Hätte ihn jemand befragt, dann hätte er wohl alles bestätigt, was geschehen ist. »In dem Sinne habe ich es nicht vergessen, ich hätte es allerdings lange Zeit überhaupt nicht bewerten oder bezeichnen können. Es war in einer merkwürdigen Art von meinen übrigen Bezugssystemen losgelöst und irgendwie eingekapselt. Wie eine bezugslose Erinnerung.«

Als er wirklich begriffen hat, dass sein Vater ihn über Jahre hinweg sexuell missbraucht hatte, hat Thomas Schlingmann seinen Geschwistern und seiner Mutter davon erzählt. Die Eltern waren zu diesem Zeitpunkt schon getrennt. »Die Resonanz war insofern positiv, als alle sagten, sie könnten sich das vorstellen. Sie haben es ihm zugetraut, und sie haben mir geglaubt.«

Nur der Mutter zuliebe vermied er einen Eklat. Sie hat ihn inständig beschworen, dass er am 65. Geburtstag des Vaters nicht aufsteht, um über die Vorkommnisse zu reden, so wie der Sohn in dem dänischen Dogma-Film *Das Fest*. »Meine Mutter, die längst von meinem Vater geschieden war, hatte starke Schuldgefühle, weil sie damals nichts verhindert hat.« Thomas Schlingmann hat sich aber nicht nur aus Rücksicht der Mutter gegenüber entschieden, nicht zum Vater zu fahren. »Ich hatte Angst, gewalttätig zu werden«, sagt er. »Und genau das wollte ich nicht: so werden wie er!«

Thomas Schlingmann hat seinem Vater einen Brief geschrieben. »Das, was Du damals getan hast, habe ich nicht vergessen. Ich werde es auch nicht so einfach vergessen. Ich möchte, dass Du dazu etwas sagst.« Um nicht in die Lage zu kommen, endlos auf eine Antwort warten zu müssen, hat er seinem Vater eine Frist gesetzt: In den nächsten sechs Wochen erwarte er eine Antwort. »Das war eine Mischung aus nüchterner Mitteilung und Drohung.« Der Brief ging per Einschreiben mit

Rückantwort an den Vater. »Ich hatte schließlich seine Unterschrift, die bewies, dass er den Brief bekommen hatte.« Eine Antwort erhielt er jedoch nicht. Er hatte auch nicht wirklich damit gerechnet. »Ich hatte mich zu diesem Zeitpunkt schon ausführlich mit den Täterpersönlichkeiten beschäftigt, und mir war klar: Er gehört zu denjenigen, die andere erniedrigen, um sich selbst besser zu fühlen. Solche Menschen stellen sich keiner ernsthaften Auseinandersetzung.«

Er habe mit dem Brief trotzdem einen Versuch machen wollen, berichtet Thomas Schlingmann, »um zu gucken, was zwischen uns noch möglich ist«. Als keine Antwort kam, sei für ihn »der Prozess der direkten Auseinandersetzung mit meinem Vater« beendet gewesen.

Der Prozess der Auseinandersetzung mit den Vorkommnissen war es nicht. Kann er seinem Vater verzeihen? »Um zu verzeihen, muss ich verstehen. Die Motive dafür, dass etwas geschehen ist, was mir weh getan hat, müssen für mich nachvollziehbar sein. Erst dann habe ich eine Grundlage, um einem anderen zu verzeihen.«

Weil sein Vater sich nie gemeldet und ihm nichts erklärt hat, fehlt Thomas Schildmann eine solche Grundlage. Hass auf ihn empfinde er allerdings nicht, so betont er. Er könne sich heute vieles erklären, könne sich zusammenreimen, dass sein Vater als Jugendlicher im Krieg traumatisiert wurde. »Trotzdem muss ich sagen: Ich habe keinen Vater mehr. Ich weiß nicht, ob er noch lebt. Als Vater ist er auf jeden Fall gestorben.«

Für Thomas Schlingmann bedeutet Frieden mit der Vergangenheit zu schließen inzwischen vor allem: Frieden mit sich selbst schließen. »Viele Missbrauchsopfer, vor allem Männer, haben ja diesen Gedanken: Ich bin selbst schuld. Sie machen sich Vorwürfe, weil die Rolle des Opfers nicht mit ihren Vorstellungen von Männlichkeit zu vereinbaren ist.« Auch bei ihm habe dieser Gedanke einen großen Stellenwert gehabt. »Natürlich kann ein Kind nichts dafür, dass es missbraucht wurde. Doch später muss es die schwierige Aufgabe bewältigen, zu verstehen, warum es so gehandelt hat, wie es gehandelt hat. Wodurch Handlungsalternativen verbaut waren. Nur dann kann es begreifen, warum es sich nicht gewehrt hat.« Wieder fällt der Schlüsselbegriff: Verstehen. »Ich muss verstehen, um Frieden schließen zu können. Verstehen, dass ich getan habe, was ich konnte, dass ich sogar stolz auf mich sein kann.«

Das Kind Thomas hat nicht sofort gegen die Übermacht des Vaters aufbegehrt. Doch schon früh wurde der Kampf gegen andere Autoritäten zu einem seiner Lebensthemen. »Insofern haben meine Erfahrungen mir etwas gebracht«, urteilt er heute. »Sie haben dazu geführt, dass ich mich schon in jungen Jahren politisch und sozial engagiert habe, dass ich Wege gefunden habe, um mich zu wehren. Und dass ich die herkömmliche Männerrolle in Zweifel ziehen konnte. Es klingt vielleicht paradox, doch ich muss heute sagen: Ich habe von meinen schlimmen Erfahrungen auch profitiert.«

Dazu gehöre, dass er in der Not eine Fähigkeit entwickeln musste, die er heute bei der Beratung dringend braucht: »Wenn ich anderen gut zuhören kann, dann auch deshalb, weil es für mich jahrelang so wichtig war, die Stimmungen meines Vaters seismographisch zu erfassen.« Thomas Schlingmann ist heute in seinem Element: Er macht eine Arbeit, die ihm am Herzen liegt, die ihm Spaß macht, für die er Begabung mitbringt, bei der er eigene Erfahrungen weitergeben und damit etwas erreichen kann.

Zum Gefühl von Frieden habe aber auch beigetragen, dass er in seinem Leben Menschen getroffen habe, die sich um ihn gekümmert und ihm weitergeholfen haben. Außerhalb der Herkunftsfamilie, betont er. Apropos: Hat er denn den Lehrer jemals wiedergesehen, der damals empfohlen hatte, ihn ins Internat zu schicken? »Nein, aber das ist ein guter Gedanke. Vielleicht lebt er nicht mehr, er war ja schon damals nicht mehr ganz jung. Ich sollte ihn suchen.«

Mit den inneren Grenzen leben

Jeder weiß: Das »Hotel Mama« ist keine Dauerlösung, auch in der harmonischsten Familie nicht. Kinder müssen irgendwann ausziehen, »aus dem Haus gehen«, lernen, »auf eigenen Beinen zu stehen«. So weit, so klar. Trotzdem ist das schwierig genug, wie Eltern aus Erfahrung wissen. Man muss erst lernen, sich mit Kindern, die längst erwachsen sind, auf einer neuen Ebene zu treffen – ob nun zu Familienfesten, für eine gemeinsame Reise oder einfach so, auf eine Tasse Kaffee.

Unvergleichlich schwieriger wird es jedoch, wenn erwachsene Kinder von einem Tag auf den anderen den Kontakt zu ihren Eltern abbrechen. Und das nach einer auf den ersten Blick »völlig normalen« Kindheit und Jugend. Nach einer langen Zeit, in der die Eltern ihr Leben zu einem guten Teil auf den Nachwuchs eingestellt haben. In der sie den Säugling nächtelang auf den Armen trugen, in der sie das Kleinkind auf Schritt und Tritt bewachten, in der sie den Schüler sicher von Schuljahr zu Schuljahr begleiteten und die Stürme der Pubertät mehr oder weniger gelassen und standfest ertrugen. Sie haben ein Kind großgezogen, ihm Zärtlichkeit und Lebenschancen mitgegeben – und nun wendet es sich von ihnen ab. Wenn nicht schlimme Vorkommnisse wie Misshandlungen oder sexuelle Übergriffe dem Zerwürfnis zugrundeliegen, ist das für Eltern meist überhaupt nicht zu verstehen. Viele Mütter und Väter, denen so etwas passiert ist, suchen Rat und den Kontakt mit anderen Betroffenen bei der Selbsthilfegruppe Verlassene Eltern. Dass der Kontaktabbruch zwischen erwachsenen Kindern und ihren Eltern häufiger vorkommt als allgemein vermutet, lässt sich unmittelbar an den hohen Besucherzahlen der Homepage (www.verlassene-eltern.de) feststellen.

Können Eltern es jemals verzeihen, wenn das eigene Kind sie nicht mehr sehen will? Wie entwickelt sich das Leben eines jüngeren Bruders, wenn er von einem Tag auf den anderen sein großes Vorbild, den älteren Bruder, aus den Augen verliert? Antworten darauf geben drei sehr unterschiedliche Geschichten, die alle um das große Thema Verzeihen kreisen.

»Die Tür stand immer einen Spaltbreit offen«

Ein Gespräch mit Monika M. über das Abhauen ihrer Tochter, Wiederannäherung und die Bedingungen der Versöhnung

Das gute Ende zuerst: Monika M. hat ihrer Tochter verziehen. Inzwischen ist das fast ein Jahr her. Dreieinhalb Jahre hatte die Tochter sich nicht bei ihr gemeldet. Und dann stand sie eines Tages plötzlich vor der Tür und konnte nur mit Mühe herausbringen, wie leid ihr das alles tue.

»Das alles« war allerdings ziemlich heftig: Mit noch nicht ganz 18 war Sarah abgehauen. Sie war zu dem etwas älteren Mann gezogen, mit dem die Mutter nicht einverstanden war, obwohl er zunächst, höflich und gutaussehend, als der perfekte Schwiegersohn hätte durchgehen können. Doch er hatte keinen Job, machte keine Ausbildung. Monika M. hatte kein gutes Gefühl und Sorge um die minderjährige Tochter, die auf ihre Fragen und Bemerkungen nur genervt reagierte. »Sarah ist sechs Wochen vor ihrem 18. Geburtstag mit Pauken und Trompeten ausgezogen«, berichtet die Mutter. Sie hat damals gleich die Polizei eingeschaltet, um die noch Minderjährige suchen zu lassen. Sie zu finden war nicht schwer, denn sie wohnte bei ihrem Freund und ging weiter zur Schule, um ihr Abitur zu machen.

Aber was half das? Was sollte sie mit ihrem Wissen um den Wohnort der Tochter anfangen? »Wollen Sie Ihre Tochter anbinden?«, fragten die Polizisten. Nein, das war nicht die Absicht von Monika M. Im Übrigen mahlen die Mühlen der Ämter langsam, und inzwischen war Sarah schon volljährig geworden. Es gab ein gerichtliches Nachspiel: Die Tochter prozessierte, weil die Mutter das für die Ausbildung gesparte Geld nicht auszahlen wollte.

Anschließend: Dreieinhalb Jahre Funkstille, bei nur rund 15 Kilometern Entfernung. In einer ländlichen Gegend, in der eigentlich jeder jeden kennt und man sich zumindest beim Einkaufen ab und an begegnen müsste. Monika M. würde keinem anderen Menschen nachlaufen, ob es sich nun um eine Freundin, einen Mann oder ihr Kind handelt. Sie hat es auch nicht mit Anrufen oder Grußkarten versucht. Ein einziges Mal sei sie an dem Haus vorbeigefahren, in dem ihre Tochter Sarah nun wohnte, so erzählt die energische 49-Jährige. »Man steht im Regen und sieht rote Vorhänge und denkt: Die hat sie sich ausgesucht.« Details, die in Erinnerung bleiben. Geklingelt hat Monika M. nicht. Das Minimum, das sie ihrer Tochter für die Ausbildung zahlen musste, hat sie jeden Monat pünktlich überwiesen. Ihr Ex-Mann, mit dem sie zusammengelebt hatte, bis die Tochter vier war, der sein Kind in all den Jahren aber regelmäßig gesehen hatte, verlor ebenfalls den Kontakt. »Seitdem herrscht Funkstille«, sagt sie. Nur bei der Großmutter, der Mutter von Monika M., hat sich Sarah, die ihr Lehramtsstudium gewissenhaft anging und nebenbei viel jobben musste, in diesen dreieinhalb Jahren ab und zu gemeldet.

Monika M. ist eine aktive, ausgesprochen lebenslustige Frau. Sie wehrte sich dagegen, an ihrem Kummer zugrundezugehen. Sie engagierte sich in der Selbsthilfegruppe Verlassene Eltern. Sie machte eine Therapie, um aus dem Teufelskreis der Grübeleien herauszufinden. »Das hat mir das Leben gerettet«, sagt sie heute. Ganz konkret hat es ihr zuerst einmal die Schuldgefühle genommen. Alle »verlassenen« Eltern kennen solche Schuldgefühle, viele fragen sich, was sie falsch gemacht haben könnten. Über das Maß dessen hinaus, was Eltern immer falsch machen. In der Therapie ist Monika M. zu der Anschauung gelangt, dass sie zu stark war für die Tochter, zu aktiv, zu vital, zu klar in ihren Anforderungen, zu unkonventionell, auch zu beliebt bei den Freundinnen ihres Kindes. »Sarah war mit mir als Mutter völlig überfordert«, urteilt sie heute.

Monika M. blieb stark. Sie lernte weiter chinesisch, ging ins Fitness-Studio. »Und ab und zu, bei einem Glas Grauburgunder in einer Pizzeria mit meinen Freundinnen, konnte ich vergessen, was passiert war.« Wenn sie aber an Sarah dachte, dann war es so, als hätte sie einen schweren, mit Wasser vollgesogenen Mantel zu tragen. Bedrückend. Und es erschien ihr wie eine Niederlage. »Mit jedem Menschen bin ich in meinem Leben klargekommen, nur mit meiner einzigen Tochter nicht.« Das hat die selbstbewusste Frau in ihren Grundfesten erschüttert. Und ganz gegen ihre sonstige Gewohnheit konnte sie hier nicht aktiv werden, nicht selbst etwas verändern. »Die Tür stand immer einen Spaltbreit offen. Aber ich hätte mich nicht an meine Tochter gewandt. Für mich hätte es sich furchtbar falsch angefühlt, mit ihr Kontakt aufzunehmen. Ich hätte alles so gelassen, wenn sie von sich aus nicht gekommen wäre.«

Auch für Sarah war es schwer, den ersten Schritt zu tun. So schwer, dass sie sich erst einmal bei den Großeltern blicken ließ. Dort, bei der Mutter der Mutter, wohnt sie inzwischen auch. Sie hat sich von ihrem Mann getrennt, mit ihrem Studium wird sie bald fertig sein. »Ich war irgendwie verrückt, als ich mit ihm zusammen war«, sagt sie heute zu ihrer Mutter. In die Welt des Mannes, den sie so jung geheiratet hat, habe sie einfach nicht gepasst.

Und sie beteuert ihrer Mutter, die habe mit der Erziehung alles richtig gemacht.

»Mama, es tut mir unendlich leid«, hat sie gesagt, als sie zusammen mit den Großeltern vor gut einem Jahr wieder bei Monika M. auftauchte. »Alle haben geheult, außer mir«, erzählt Monika M. Sie war extrem vorsichtig, wie sie heute erzählt, sie wollte sich nicht zu früh freuen. »Ich habe meiner Tochter signalisiert: Ich helfe dir erst einmal wieder auf die Beine. Aber wenn du das in den Sand setzt, ist die Tür für alle Zeiten zu!«

Heute ist sie überzeugt, dass diese absolute Konsequenz der Tochter geholfen hat.

Dazu gehörte auch, dass in dieser Phase der Wiederannäherung nicht die Mutter, sondern die Tochter sich immer wieder zuerst meldete. Es mag auch der verletzte Stolz sein, der Monika M. in dieser ersten Phase eine aktivere Rolle verbot. »Täglich hat meine Tochter vom Haus meiner Eltern aus angerufen«, erinnert sich Monika M. Von allen in der Verwandtschaft habe sie am längsten gebraucht, um wieder Vertrauen zu fassen, sagt die verlassene Mutter, deren Herz offensichtlich nach und nach wieder erobert werden konnte. »Am Anfang habe ich nur gedacht, wir können es vielleicht schaffen, alle paar Wochen unverbindlich in der Stadt einen Cappuccino zusammen zu trinken.« Wie mit einer entfernten Bekannten oder flüchtigen Freundin. Doch die Tochter wollte mehr. Ganz zaghaft habe sich dann wieder eine vertraute Beziehung entwickelt, erzählt Monika M. Und dabei klingt die Stimme dieser selbstbewussten, beherrschten und kontrollierten Frau ungewöhnlich weich.

Inzwischen kann sie von einer sehr schönen Beziehung berichten. In den drei Jahren der Trennung hatte sich ihre Tochter mehr verändert als sie selbst. »Ich hatte plötzlich eine erwachsene Tochter, mit der man ganz vernünftig reden konnte. Diese junge Frau habe ich ja gar nicht gekannt. Ich wusste nicht einmal, dass sie inzwischen Auto fahren kann.« Die Mutter scheint ihr Glück noch nicht ganz fassen zu können: »Jetzt ist es fast besser als bei allerbesten Freundinnen, wir lachen über die gleichen Sachen, und ich kann sie sogar mal um Rat fragen. Wir sind auf einer Ebene.«

Eine ihrer guten Freundinnen, bei der sich Monika M. während der schwierigen Zeit immer wieder ausweinen konnte, tue sich mit dieser gründlichen Versöhnung zwischen Mutter und Tochter aber noch schwer, erzählt Monika M. »Sie hat miterlebt, wie schlecht es mir in dieser Zeit ging. Sie sagt, dass sie das nicht so schnell vergessen kann.«

Monika M. aber hat den schweren, mit Wasser vollgesogenen Mantel, den sie nach eigenem Bekunden drei Jahre lang mit sich herumgeschleppt hat, relativ schnell ablegen können. »Ich habe mich über mich selbst gewundert, dass ich meiner Tochter das verzeihen konnte.« Ohne eine ausdrückliche Bitte um Entschuldigung, ohne das entscheidende »Es tut mir so leid!« der Tochter hätte Monika M. diesen Schritt nicht gewollt und auch nicht gekonnt, davon ist sie überzeugt. »Ohne das wär's nicht gegangen, das war das Allerwichtigste.« Als Mutter, die jahrelang alles für ihr einziges Kind getan hat, hätte sie sich absolut falsch behandelt gefühlt. Wieder das Thema Stolz. Bleibt die Frage, was wirklich gewesen wäre, wenn die Tochter zwar zurückgekommen wäre und erneut die Nähe ihrer Mutter gesucht hätte, das Zauberwörtchen der Entschuldigung aber ihrerseits aus Stolz nicht über die Lippen gebracht hätte? Man kann sich vorstellen, dass Monika M. dann von einigen ihrer

Freundinnen in ihrer abgrenzenden Haltung bestärkt worden wäre. Vielleicht wäre es nicht zur Versöhnung gekommen.

Auch bedingungsloses Verzeihen kann sie sich nicht vorstellen. Für Monika M. war klar, dass ihre Tochter ihr Leben dauerhaft ändern musste, damit die Versöhnung vollzogen werden konnte. »Wenn Sarah wieder zu ihrem Ehemann zurückgekehrt wäre, käme ich damit überhaupt nicht klar.« Viele Eltern ließen sich von ihren erwachsenen Kindern ausnutzen, meint Monika M. »Wenn ich mein Kind nur mit Geld halten könnte, wäre das nichts für mich. Ich muss spüren, dass sich ein Verhältnis entwickelt.« Das ist nach vielen intensiven Gesprächen nun offensichtlich neu aufgebaut. »Das Verhältnis, das wir jetzt zueinander haben, gäbe es nicht ohne die Dinge, die in den letzten Jahren passiert sind«, sagt Monika M. »Der Umweg ergibt für mich im Nachhinein deshalb einen Sinn.« Nachzuvollziehen, warum er nötig war, heißt für sie, ihren Frieden mit dieser Phase machen zu können.

Dass die Trennung in dieser brutalen Form vollzogen wurde, war für die Mutter zwar ein Schock. Andererseits ist das alles, wie sie heute sagt, nicht aus heiterem Himmel geschehen: »Sarah war in der Pubertät so extrem schwierig, dass ich tief in mir eigentlich immer mit einem Knall gerechnet habe. Wir haben uns schon morgens im Bad angeschrien. Ich habe viel von ihr verlangt, weil sie ein intelligentes Mädchen war. Sie ist ganze Nächte weggeblieben, hat nichts für die Schule getan, war mit Leuten unterwegs, die ich nicht kannte.« Als Sarah klein war, sei das Verhältnis dagegen ausgesprochen gut gewesen, erinnert sich die Mutter. Es spricht viel dafür, dass die beiden Frauen nach ihrer »Wiedervereinigung« ihre Beziehung auf diesem Fundament aufbauen konnten.

Im Unterschied zu unzähligen anderen hat diese Geschichte ihr Happy End gefunden. Zum echten Verzeihen gehört für Monika M. aber auch, dass das Geschehene nicht immer wieder aufgewärmt wird. Sie möchte es niemals als Druckmittel verwenden. »Wir haben das geklärt, nun kann der Elefant, der bei uns im Wohnzimmer stand, wirklich draußen bleiben. Er ist aus der Welt geschafft.«

»Wenn ich verzeihen kann, geht es mir am besten«

Ein Gespräch mit Irene Z., deren Sohn und Schwiegertochter es ihr schwer machen, die Enkel zu sehen

»In den Phasen, in denen es mir gut geht, fällt es mir leichter, ihm zu verzeihen«, sagt Irene Z. Die Katholikin betrachtet es als ihre Aufgabe, sich diese Haltung zu erarbeiten, auch wenn das hart ist. »Vergib uns, wie auch wir vergeben unseren Schuldigern« – die Vaterunser-Bitte, der wir in diesem Buch schon mehrfach begegnet sind, hat für Irene Z. eine große Bedeutung. Als Zumutung, der sie nicht jeden Tag gewachsen ist. Und zugleich ist die Erfahrung des Verzeihens doch etwas, das ihr Leben leichter macht. »Wenn ich verzeihen kann, geht es mir eigentlich am besten.« Auch hier zeigt sich wieder, dass Wohlbefinden und Verzeihen-Können zusammenzuhängen, allerdings auf eine etwas komplizierte Weise. Und auch die Geschichte, die Irene Z. erzählt, ist kompliziert.

Die 67-jährige ehemalige Kinderkrankenschwester lebt in derselben beschaulichen Universitätsstadt wie ihr 30-jähriger Sohn, ihre Schwiegertochter und ihre drei Enkeltöchter. Sie ist nicht mehr berufstätig und hätte viel Zeit für die Familie. Doch sie selbst hat vor kurzem entschieden, dass sie die fünf vorerst nicht wiederschen möchte. Nicht unter den bestehenden Bedingungen. Auch wenn es sich um ihren einzigen Sohn und seine Familie handelt.

Zu den zwei Kindern, die ihr Ex-Mann mit in die Ehe gebracht hatte und die nun Ende 30 sind, hat sie heute eine freundschaftliche, aber nicht sehr enge Beziehung. Sie waren erst sieben und fünf Jahre alt, als sie ihren Mann damals geheiratet hat. Wenig später kam der gemeinsame Sohn auf die Welt. Als er eineinhalb war, trennten sich die Eltern. Die Beziehung zu ihrem Sohn war jahrelang ausgesprochen eng. Eine Mutter-Sohn-Dyade. »Als er in die Pubertät kam, wurde ich schwer krank, das waren sieben ausgesprochen heftige Jahre, in denen er viele Aufgaben übernehmen musste. Das hat er alles gut gemeistert, vielleicht zu gut«, sagt sie heute. Auch als Student blieb der Sohn zunächst zu Hause wohnen und unterstützte die Mutter. Mit 22 lernte er seine Frau kennen. Und begann sich von den längst getrennten Eltern gleichermaßen zu distanzieren. »Er ist nicht einmal zur Beerdigung seines Vaters gekommen«, berichtet Irene Z. In dieser Zeit habe es immer mehr Vorfälle gegeben, die sie schockiert haben. Die Einzelheiten sind aus ihrem Gedächtnis verschwunden. »Selbst wenn ich mich daran erinnern wollte: Ich kann es nicht!« Die Hochzeit ihres Sohnes hat sie zwar mitgefeiert, allerdings als einzige Verwandte aus seinem Umfeld. Auch mit langjährigen Freunden hatte der Sohn inzwischen den Kontakt abgebrochen. »Später hat er mir dann mitgeteilt, dass er eigentlich auch mich nicht zu seiner Hochzeit hatte einladen wollen.«

Eine Kränkung, an der die Mutter sehr zu knabbern hatte. Andererseits freute sie sich auf das erste Enkelkind, das bald erwartet wurde. Wieder ein Affront: »Als meine Enkeltochter vor fünf Jahren geboren wurde, habe ich die Nachricht von der Schwiegermutter meines Sohnes erhalten.« Irene Z. wollte nicht zu empfindlich sein, aber ein wenig dünnhäutig war sie inzwischen doch geworden. »Als dann das zweite Kind auf der Welt war, hat mein Sohn mir mitgeteilt, dass sie nicht wollten, dass ich komme.« Gezielte Unternehmungen mit der Größeren waren möglich: Sie konnte zum Beispiel vorschlagen, sich mit der Enkelin im Puppentheater zu treffen. »Das war dann ein wunderschöner Nachmittag, das Kind war sehr zutraulich. Nach dem Ende der Vorstellung stand mein Sohn vor der Tür und hat sie gleich wieder mitgenommen.« Für ihr zweites Enkelkind sei sie eine fremde Frau, sagt Irene Z. Sie versucht dabei, gefasst zu klingen. Nach der Geburt des dritten Kindes machte der Sohn den Vorschlag, sich kurz auf einem Spielplatz zu treffen, dort könne sie das Baby bewundern.

»Ich habe zwar öfters gesagt, wie schlecht ich mich in solchen Situationen fühlte, aber ich habe auch immer wieder nachgegeben und mich nach meinem Sohn und seiner Frau gerichtet«, sagt Irene Z. »Doch es gibt Dinge, die sind zu demütigend, die darf man nicht zulassen, weder aktiv noch passiv.« Über all die Jahre hatte sie ein gutes Verhältnis zu den Eltern ihrer Schwiegertochter, fühlte sie sich von der »Gegen-Schwiegermutter« auch bei ihren Versuchen unterstützt, mehr Nähe zu der jungen Familie herzustellen. »Als ich sie direkt darauf ansprach, ob sie mit ihrer Tochter und dem Schwiegersohn reden könne, hat sie das jedoch abgebogen. Ich denke, sie sitzt zwischen allen Stühlen.«

Irene Z. entschied also, die junge Familie vorerst nicht mehr zu sehen. Nicht unter diesen Bedingungen. »Ich habe die Zugbrücke hochgezogen.« Seitdem geht es ihr wieder besser, wie sie betont. »Ich habe mir meine Würde zurückgeholt.« Dann sagt die Frau mit der sanften Stimme einen Satz, den zuvor auch die energische Monika M. ausgesprochen hat: »Wenn sie in der Lage sind, wieder anders mit mir umzugehen, steht die Tür weit offen!«

Das allerdings hängt nicht von ihr ab. Irene Z. erlebt immer wieder Phasen der ohnmächtigen Wut. Oder des ebenso lähmenden Grübelns. »Die Gedanken kreisen dann ständig um dieselbe Situation, was nicht gerade hilfreich ist. Ich denke daran, dass wir in derselben Stadt wohnen und uns nicht sehen können, dass unsere Beziehung zerrüttet ist und ich nicht weiß, warum.« Sie weiß jedoch genau, dass es ihr schlecht geht, wenn sie in solche Denkschleifen hineingerät. Es gelingt ihr immer wieder, sich davor zu schützen, dabei helfe ihr ein gutes soziales Netz, so erzählt sie. Und auch das regelmäßige Meditieren, vor allem aber das »Gut-für-sich-selbst-Sorgen«.

Und Irene Z. analysiert die Situation inzwischen aus einer größeren Distanz heraus. Sie weiß jetzt, dass es ihr nicht um eine Schuldzuweisung an Sohn und Schwiegertochter geht. »›Schuld‹ bedeutet für mich: Da ist etwas wirklich Schlimmes geschehen. Es wird sogar klar erkannt und trotzdem mit Absicht nicht geändert.« In diesem Sinn »böse« ist in ihren Augen keiner der Beteiligten. Statt von Schuld spricht sie lieber von Fehlern und von teils massivem Versagen, auf beiden Seiten. Sie möchte verstehen, wie die Lage sich so entwickeln konnte. Hier ist er wieder, der Gedanke, den auch Ann-Kathrin N. und Thomas Schlingmann mehrfach geäußert haben: Verstehen ist oft die Voraussetzung dafür, seinen Frieden mit dem Geschehenen machen zu können. Zwar verweigert ihr Sohn ihr die

Erklärungen für sein Verhalten, aber sie macht sich ihren eigenen, »leider nicht überprüfbaren« Reim darauf: »Mein Sohn beweist seiner Frau, dass sie die Wichtigste für ihn ist, und das geschieht auf meine Kosten.« Manchmal habe sie deshalb Mitgefühl mit ihm: »Er kann seine Frau und seine Mutter nicht gleichzeitig lieben. Da muss ein Riesendefizit sein.« Deshalb habe er wohl damals, kurz nachdem er seine zukünftige Frau kennengelernt habe, den Beziehungsmodus verändert. »Es gibt zwei Arten von Beziehungen«, sagt Irene Z. »Entweder geht man auf Fehlerfahndung, oder man geht auf Schatzsuche. Das, was man sucht, wird man mit großer Wahrscheinlichkeit finden.« Diese Überlegung hilft ihr dabei zu verstehen, warum sie ihrem Sohn irgendwann nichts mehr recht machen konnte: Er kann nicht anders, als bei ihr nach Fehlern zu fahnden. Er hat Angst, sonst die enge Verbindung zu seiner Frau und seinen Kindern zu verlieren.

Die Zeitabschnitte, in denen sie die Dinge so abgeklärt sehen kann, würden inzwischen länger und regelmäßiger, berichtet Irene Z. »Der Sohn, den ich kannte, ist weitgehend verlorengegangen. Darüber bin ich traurig und wütend, ich bin erschöpft, aber meine Depression ist inzwischen überstanden.« Das muss mit dem Verstehen der Zusammenhänge zu tun haben. Irene Z. wirkt wie ein Mensch, der durch langes, oft quälendes Nachdenken vom Verstehen zum Verständnis gefunden hat. Sie spricht von ihrer Traurigkeit mit bemerkenswert fester Stimme und erstaunlich beherrscht. Und sie fügt hinzu: »Verzeihen ist Schwerstarbeit, wenn Sie keinen festen Halt haben, rutschen Sie immer wieder aus.«

»Wenn einen fremde Schuld nicht mehr interessiert, ist man schon beim Verzeihen«

Ein Gespräch mit Constantin B. über die Suche nach dem verlorenen Bruder und das Finden des eigenen Weges

»Ich habe mich großartig gefühlt, als ich meinen elf Jahre älteren Bruder in London besucht habe«, erinnert sich Constantin B. Das war die Zeit, in der sein Bruder versuchte, in England sein Glück als Musiker zu machen. Fünf Jahre lebte er in London. Constantin selbst war in der Pubertät und fand das alles verdammt aufregend. »Ich habe zu ihm aufgeschaut, ihn fast vergöttert. Er hat mir die Welt erklärt.« Heute ist Constantin B. 26 Jahre alt, arbeitet als Erzieher und wartet darauf, endlich mit seinem Studium der Sozialpädagogik anfangen zu können. Er ist jetzt genauso alt wie der große Bruder damals. Und er hat diesen großen Bruder seit einigen Jahren nicht mehr gesehen. Das letzte Treffen vor vier Jahren, das auf seine Bitte hin zustande kam, verlief enttäuschend, weil nichts geklärt werden konnte.

Dabei gibt es durchaus Klärungsbedarf: Warum hat der Ältere vor zehn Jahren den Kontakt zu Mutter und Bruder abrupt abgebrochen? Was hat die alleinerziehende Mutter falsch gemacht? Hat sie sich getäuscht, als sie glaubte, das Verhältnis zu ihrem Ältesten sei vertraut und gut? Hat auch er, der Bruder, sich getäuscht? Welche Rolle spielten damals, nach der Rückkehr aus London, berufliche Enttäuschungen, welche Rolle spielte die Freundin, mit der der junge Mann seit einigen Monaten zusammen war? »Ich habe auch sie geliebt und vergöttert«, erinnert sich Constantin B.

Im Nachhinein sieht er allerdings durchaus Anzeichen dafür, dass der Bruder sich schon damals von der Familie distanzierte. So sei er über Weihnachten mit seiner Freundin verreist, ohne das seiner Mutter zu erklären. Auch seinen Geburtstag habe er nur »en famille« gefeiert, um seiner Mutter einen Gefallen zu tun. Die reine Pflichtübung. »Ich habe ihm das nicht übelgenommen, aber ich habe es nicht verstanden, und meiner Mutter hat es sichtbar zu schaffen gemacht.«

Ein paar Monate später lag ein Abschiedsbrief in der Wohnung, darauf sein Hausschlüssel. Darin erklärte der Sohn seiner Mutter, dass er mit dieser Familie nichts mehr zu tun haben wolle. Er hatte den Brief an Ort und Stelle verfasst und nicht in ein Couvert gesteckt. Das alles geschah zwei Tage vor einem Urlaub, den die Mutter zusammen mit ihrem Lebensgefährten und ihrem jüngeren Sohn geplant hatte. Constantin hatte den Brief als Erster entdeckt. Er hat ihn gelesen und dann vor der Mutter versteckt. »Ich weiß bis heute nicht, was in mir vorgegangen ist, als ich Schlüssel und Brief unterschlagen und beides in mein Zimmer gelegt habe. Ich weiß nur, dass wir drei Wochen Urlaub vor uns hatten, auf die sich meine Mutter gefreut hatte und die ich um keinen Preis gefährden wollte«, sagt er heute. Einen genauen Plan, wie es weitergehen sollte, hatte er in diesem Augenblick jedenfalls nicht. Die Mutter bekam Brief und Schlüssel erst nach der gemeinsamen Rückkehr aus dem Urlaub zu Gesicht.

In diesem Brief stünden schreckliche Dinge, berichtet Constantin. Sein Bruder schrieb, er habe sich in dieser Familie nie wohlgefühlt. »Der Ton ist kalt und verletzend. Es ist sogar von einem unmenschlichen Verhalten innerhalb der Familie die Rede. Am schlimmsten aber ist für mich der Schlusssatz: ›Und sei bitte froh, dass ich nicht draufgegangen bin!‹, stand da.« Die Mutter rief ihren Ältesten sofort nach dem Urlaub an, um mit ihm über den Brief zu sprechen. Zu diesem Zeitpunkt war der jedoch zusätzlich über die drei Wochen Funkstille verärgert, die er sich nicht erklären konnte. Für ihn war es ein weiterer Beweis für das Desinteresse der Mutter, die ja tragischerweise gar nichts dafür konnte, dass sie den Brief erst so spät gesehen hatte. »Meine Mutter kann den Brief inzwischen auswendig, sie hat ihn so gut wie immer bei sich, sie kommt nicht von ihm los.«

Heute würde Constantin anders handeln, den Brief liegen und den Dingen ihren Lauf lassen. »Aber natürlich würde ich versuchen, meine Mutter zu unterstützen.« Das hat er in den letzten zehn Jahren ausgiebig getan. Er ist selbst daran gereift. Doch auch für ihn persönlich waren diese Jahre durch einen harten Verlust geprägt. Kann er seinem älteren Bruder verzeihen, dass der für seine Familie einfach nicht mehr verfügbar war? Und dass er auch für ihn, mit Ausnahme dieses einmaligen, zweistündigen Spaziergangs vor vier Jahren, nicht zu sprechen ist? »Ich habe in den letzten zehn Jahren immer wieder Wut empfunden, eine Weile war ich richtig sauer, und das war gut für mich«, berichtet Constantin. Sauer war er nicht allein auf seinen Bruder, der ihm mit seinen 17 Jahren eine schwere Rolle aufgebürdet hatte. Sauer war er auch auf seine Mutter, die ihm eben diese Rolle abverlangte.

Allerdings habe sich die Wut auf Dauer nicht gut angefühlt, das habe er sich nach und nach ehrlich eingestehen müssen. Stück für Stück sei etwas anderes daraus geworden. Sein Grundtenor sei heute das Verständnis, sagt Constantin. In dieser Hinsicht haben sich die Dinge bei ihm ganz ähnlich entwickelt wie bei der verlassenen Mutter und Großmutter Irene Z. »Ich weiß heute: Dieser Schritt war offensichtlich notwendig für meinen Bruder, also musste er ihn auch machen.« Insofern empfinde er durchaus so etwas wie Achtung vor der Konsequenz und Courage des Älteren, sagt Constantin. »Ich bewundere sogar, dass er so eigenständig gehandelt hat, dass er sich über gesellschaftliche Normen hinwegsetzen und ein Tabu brechen konnte.«

Was für ihn schwer zu verstehen ist, ist allerdings die Form dieses Schrittes. »Warum musste er das mit so viel Aggression und Trotz tun?« Eine der Anschuldigungen des Bruders gegenüber der Familie sei gewesen, dass immer alle laut sagen, was sie stört und danach weglaufen. Dass sie wütend werden und im Affekt handeln. Dass sie sich nicht anhören, wie die anderen die Situation erleben. »Damit hat er zwar recht. Aber genau nach diesem Muster, das er kritisiert, hat er sich selbst verhalten!«

Constantin will es anders machen, er will mit dieser verhängnisvollen Familientradition brechen. Er sagt sich das ganz bewusst, und man gewinnt im Verlauf des Gesprächs den Eindruck, dass es dieses Bewusstsein ist, das ihn stark macht. Er will aushalten, statt auf die anderen zu schimpfen und einfach abzuhauen. »Dann muss ich aber auch die Rolle akzeptieren, die mein Bruder mir durch seinen Kontaktabbruch aufgebürdet hat.« Es fühle sich für ihn einfach besser an, so berichtet er, wenn er sich darauf konzentriere, welche Möglichkeiten er habe, statt nur in den Blick zu nehmen, welche Möglichkeiten die anderen ihm durch ihr Verhalten verbauen. Zwar hat er keinen großen Bruder mehr, mit dem er in ständigem Austausch stehen könnte. Und es liegt nicht in seiner Macht, das zu ändern. (Vor kurzem hat er seinem Bruder nach langer Zeit wieder einmal eine Karte geschrieben, in der er um ein Gespräch bittet. Die Antwort steht noch aus.) Doch Constantin ist sich heute ziemlich sicher, dass seine neue Rolle in der Familie seine Entwicklung auch positiv beeinflusst hat. Er ist zu einer Stütze für seine Mutter geworden, er hat sich allmählich zu dem Mann entwickelt, den er früher in dem bewunderten großen Bruder gesehen hat. »Dass ich bei der sozialen Arbeit gelandet bin, dass ich mich mit Religionswissenschaften beschäftigt habe, dass ich mir so viele Gedanken über die menschliche Fähigkeit zur Empathie mache, all das hat sicher auch mit unserer familiären Situation zu tun.« Wie die etwa gleichaltrige Ann-Kathrin N., die sich bemüht, ihren Eltern die Kränkungen aus der Kindheit zu verzeihen, erkennt Constantin die Reifungschancen, die in den Verletzungen stecken. Sein Stolz verbietet ihm, dem Verlust auf ewig nachzutrauern. Sich als »Opfer« der Entscheidungen eines anderen zu fühlen, würde seine Freiheit einschränken. Und das »fühlte sich irgendwann schlecht an«.

Constantin B. hat in den letzten Jahren zeitrafferartig Einsichten gewonnen, für die andere Jahrzehnte brauchen. Er sagt Sätze, die aus dem Mund eines 26-Jährigen fast altklug klingen könnten, wären sie nicht erkennbar unterfüttert mit eigenen Erfahrungen. Eine dieser Erfahrungen ist fast schon zu einem Merksatz geronnen, der an Irene Z. erinnert: »Wenn einen die Schuld der anderen nicht mehr interessiert, ist man eigentlich schon mittendrin im Prozess des Verzeihens.« Natürlich würde Constantin gern wissen, wie sein Bruder solchen Gedanken gegenübersteht. Und ob er sie womöglich selbst kennt.

Aussöhnung mit der Vergangenheit

Ein Gespräch mit der Berliner Psychologin Maria Böttche über das Projekt »Lebenstagebuch«

Wer vom Verzeihen spricht, bezieht sich immer auf die Vergangenheit, auf Geschehnisse, die nicht mehr zu ändern sind und allenfalls anders bewertet werden können. Innerhalb der Lebensgeschichten, von denen bisher in diesem Buch die Rede war, liegen die verletzenden Erlebnisse oft einige Jahre, selten aber Jahrzehnte zurück. Wenn Menschen am Ende eines langen Lebens an die bedrückenden Dinge denken, die ihnen in ihrer Jugend widerfahren sind, ist das anders: Sie haben diese Ereignisse manchmal mehr als ein halbes Jahrhundert lang verdrängt oder verschwiegen. Nun sterben ihre Altersgenossen, der Tod rückt immer näher. Es ist leichter, auf das Lebensende zuzugehen, wenn man Frieden mit sich selbst und der eigenen Biographie hat schließen können. Wenn man vielleicht sogar ansatzweise Verständnis für die Täter aufbringen kann. Gerade deshalb kommen die alten Geschichten bei vielen Menschen erst im Alter mit einer besonderen Wucht wieder hoch. Körperliche Bedrohung, Flucht, Vertreibung, Todesangst, Vergewaltigung von Frauen und Mädchen: Hunderttausende aus vielen Ländern Europas mussten im und kurz nach dem Zweiten Weltkrieg Schreckliches durchmachen. Sie haben über diesen Abschnitt ihrer Biographie möglicherweise später viel erzählt. In den Augen der Verwandten manchmal auch zu viel. Und sie haben doch oft Wesentliches für sich behalten. Als Deutsche taten sie das in dem Bewusstsein, zum Tätervolk zu gehören, in vielen Fällen aber auch aus persönlicher Scham. Direkt nach dem Krieg haben viele Frauen geschwiegen, weil es für sie, die Trümmerfrauen, Dringenderes zu tun gab.

Inzwischen hat die UNO die Vergewaltigungen als Kriegsverbrechen eingestuft, und es ist ins allgemeine Bewusstsein gerückt, dass sie die Ursache schwerer Traumatisierungen sein können. In den 50er Jahren war die Diagnose Posttraumatische Belastungsstörung, von der wir zu Beginn dieses Buches gesprochen haben, noch nicht bekannt, Psychotherapien waren unüblich, fast alle Familien hatten Schlimmes durchgemacht. Wer wollte da das eigene Leid in den Vordergrund rücken? Wer wollte eine Behandlung einfordern, um die Verbitterung zu bekämpfen, wo doch tausend andere ebenso davon betroffen waren? Heute sind die Frauen, die in jungen Jahren solche traumatischen Erlebnisse durchlitten haben, alt. Sie sehen die Endlichkeit ihres Lebens vor sich. Eines Lebens, in dem diese Erlebnisse in den verschiedensten Formen nachgewirkt haben, obwohl die Frauen ihren Alltag in den meisten Fällen in Beruf, Familie und Ehe unauffällig bewältigt haben. Die Psychologin Christine Knaevelsrud von der Freien Universität Berlin, Leiterin der Forschungsabteilung des Behandlungszentrums für Folteropfer Berlin (bzfo), sagt, dass die Folgen sich bei vielen Menschen erst im hohen Alter zeigen, nicht nur in Form von körperlichen Krankheiten, sondern auch durch psychische Probleme. »Viele Traumatisierte haben am Ende des Lebens das Gefühl, nicht wirklich abschließen zu können«, berichtet auch der Psychiater Philipp Kuwert von der Universität Greifswald.

Abschließen, das könnte auch heißen: Das Erlebte loswerden, damit fertigwerden, bevor das Leben selbst endet. Sich mit seinem Schicksal aussöhnen, es einordnen in eine größere Perspektive. Kann man sich möglicherweise sogar mit dem anonymen Täter versöhnen, der inzwischen alt oder nicht mehr am Leben ist? Und wie sehen die Umstände aus, die in diesem Fall die Versöhnung und das Verzeihen leichter machen?

Keiner dürfte das so gut wissen wie die junge Berliner Psychologin Maria Böttche. Sie nämlich koordiniert das Projekt »Lebenstagebuch« und ist dabei, ihre Doktorarbeit darüber zu schreiben. Es ist ein Projekt, in dem Menschen über 65, die traumatische Erfahrungen gemacht haben, über ihr Leben schreiben. Zu jedem der insgesamt elf Texte, die die Teilnehmer im Verlauf von sechs Wochen via Internet ihren persönlichen Therapeuten und Therapeutinnen des Projekts zusenden, bekommen sie eine schriftliche Rückmeldung. Denn das angeleitete professionelle Tagebuch-Schreiben ist eine Form der Behandlung. Viele Teilnehmer empfänden es als Erleichterung, über die zurückliegenden, aber nach wie vor präsenten Erlebnisse zu schreiben, statt einem Gegenüber direkt in die Augen blicken zu müssen, stellt Böttche fest. Die Antworten der Psychologen vermitteln ihnen trotz der visuellen Anonymität das Gefühl, dass ihnen ein anderer Mensch anteilnehmend »zuhört«. Die Psychotherapeuten gehen auf das ein, was ihre Patienten berichtet haben. »Wir machen zum Beispiel auf Themen aufmerksam, die offensichtlich das ganze Leben des Schreibers oder der Schreiberin durchziehen.«

Die Frauen und Männer, die in dieser strukturierten Form ihr Lebenstagebuch verfassen und von einem der insgesamt vier Psychotherapeuten dabei begleitet werden, leiden unter Symptomen wie Angst und Depression oder Anzeichen einer Posttraumatischen Belastungsstörung. Mit der Studie soll herausgefunden werden, ob eine Schreibtherapie dagegen helfen kann. 70 Patienten wurden inzwischen behandelt, die Frauen sind dabei leicht in der Mehrheit. Vor der Behandlung, direkt nach der Behandlung und drei, sechs und zwölf Monate später wird bei allen Teilnehmern per Fragebogen erfasst, unter welchen psychischen Beschwerden sie leiden und wie ihre aktuelle Haltung gegenüber belastenden Lebenssituationen aus der Vergangenheit ist. »Eines der Themen ist dabei auch die Versöhnungsbereitschaft«, berichtet Böttche. Der Fragebogen dazu wurde im Behandlungszentrum für Folteropfer entwickelt. Er wurde wiederum in einem weit entfernten Krisengebiet dieser Erde getestet, wo Menschen im Rahmen einer Diktatur ebenfalls schwer zu verkraftenden Verletzungen ausgesetzt waren, die eine Weile zurückliegen: in Kambodscha. Die Psychologen interessieren sich dafür, ob und wie sich die Bereitschaft zur Versöhnung mit Hilfe der Therapie ändert. Noch sind die Fragebögen nicht ausgewertet. »Doch wir konnten schon feststellen, dass vor der Therapie typischerweise kein klares, zusammenhängendes Bild existiert«, berichtet Böttche. »Hinter den Aussagen steht vorerst keine erkennbare Logik, sie sind viel zu konfus.« So sei oft unklar, wer überhaupt als Täter empfunden wird, mit wem die Patienten vor allem hadern.

»Nach der Therapie ist das Bild dann deutlich kohärenter, die Befragten können sagen, wer die Täter oder Gegner waren. Vor allem aber erkennen sie: So ist es gewesen, das war die Zeit, die Täter können es nicht wiedergutmachen, aber ich kann damit leben.« In Böttches Augen ist das ein deutliches Zeichen dafür, dass die Schreibtherapie hilft. »Wir möchten ja bewirken, dass Menschen eine zurückliegende, belastende Situation endlich als Teil ihrer Biographie betrachten können.« Damit steigt nach Böttches Erfahrungen auch die Bereitschaft zur Versöhnung.

Da liegen schlimme Erlebnisse mehr als 60 Jahre zurück, sind sozusagen selbst schon im Rentenalter. Und trotzdem leiden Menschen sogar in der letzten Phase ihres Lebens darunter oder werden noch krank davon. Zu diesem Zeitpunkt soll die Aussöhnung mit dem eigenen Schicksal möglich sein? »Viele Studienteilnehmer haben noch nie über ihre Erlebnisse gesprochen. Für sie ist es die erste Möglichkeit, das zu tun und wirklich offene Ohren dafür zu finden«, sagt Böttche. Sie ist beeindruckt davon, wie viele ihrer Patienten ein Leben lang extrem leistungsorientiert waren. Menschen, die hart gearbeitet und sich viel aufgebaut haben, in deren Leben kaum Zeit zum Grübeln blieb. Menschen mit guten Ausbildungen, erfolgreich im Beruf, ausgefüllt im Privaten. »Erst im Alter entsteht dann oftmals das Bedürfnis, das Leben als Ganzes zu betrachten. Und oft tritt erst dann die Posttraumatische Belastungsstörung auf.« Auslöser ist manchmal der Verlust des Partners oder die eigene Erkrankung. Oft genügt aber auch das Ausscheiden aus dem Beruf, mit dem eine wesentliche, stützende Struktur wegfällt. Mehr Zeit zum Nachdenken, Konfrontation mit der Endlichkeit des Lebens, aufkommende Abhängigkeit von fremder Hilfe, das alles lässt die alten Geschichten wieder hochkommen.

»Mein ganzes Leben lang wird der Geschlechtsakt für mich etwas Gewalttätiges bleiben«, schreibt eine der Frauen. »Niemand verhalf mir zu einer anderen Sicht«, notiert eine andere. Die sechs Wochen anhaltende intensive Auseinandersetzung mit der Vergangenheit durch das Schreiben und aufmerksame Lesen der Rückmeldungen kann helfen, die entscheidenden

Erlebnisse erstmals zu bearbeiten, mit ihnen fertigzuwerden und einen neuen Platz für sie zu finden.

Psychotherapeuten bezeichnen den Vorgang in ihrer Fachsprache als »posttraumatische Reifung«. »Menschen respektieren dann ihr eigenes Leben, sie erkennen, was sie alles geschafft haben, sie gewinnen Hochachtung vor sich selbst und fühlen sich nicht mehr wie das Opfer«, sagt Böttche.

Am Ende der Therapie schreiben die Teilnehmer zwei Briefe: Empfänger ist das Kind von damals, Absender die reife Persönlichkeit von heute. »Diese Person soll dem verletzten Kind etwas schreiben, was ihm neuen Mut macht. Das Kind soll nicht verzweifeln, denn es hat Stärken, die es in der traumatischen Situation schon beweisen musste.« Böttche berichtet, dass alle Teilnehmer diese »Briefe an das Kind von damals« gern schreiben. Ihre zweite Beobachtung: »Alle stellen beim Schreiben dieser Briefe ihre Ressourcen heraus. Sie erkennen, welche Stärken ihnen geholfen haben, ihr Leben erfolgreich zu meistern.« Das zentrale Erlebnis liegt weit in der Vergangenheit, es ist nicht rückgängig zu machen, es ist Teil des eigenen Lebens geworden. Aber es entwertet dieses Leben nicht, es konnte nicht alles vergiften: Die Beziehungen, die aufgebaut wurden, sind trotzdem stützend und gut gewesen, die Kinder konnten behütet aufwachsen und stehen nun erfolgreich im Leben. Mit anderen Worten: Das Erlebnis hat einen Menschen nicht dauerhaft zum Opfer gemacht. »Mit einem solchen Brief kann man sich selbst sagen: Du warst eine unheimlich tolle Frau, du warst eine starke Frau, du hast deine Kinder gut erzogen. Diese Erkenntnis kannst du nutzen: Du brauchst keine Angst mehr zu haben, die Gegner von damals haben heute keine Macht mehr über dich, du kannst dich trauen, ganz anders auf Leute zuzugehen!«

Einige der Teilnehmer sind heute erst knapp 70 Jahre alt, sie waren in den Wirren des Kriegsendes Kleinkinder, andere steckten mitten in der Pubertät. Die junge Psychologin könnte die Enkelin der Frauen und Männer sein, deren Lebensberichte sie nun als Therapeutin liest. Einerseits könne sie schwer nachvollziehen, was damals, vor über 60 Jahren geschehen ist, sagt

Maria Böttche. »Andererseits gibt es viele Parallelen zu den heutigen Geschichten, etwa bei den Patienten aus dem Irak, die wir hier im Behandlungszentrum für Folteropfer betreuen, manches ist sogar komplett identisch. Dann überlege ich mir, wie diese Frauen sich in 60 Jahren an das erinnern werden, was sie jetzt erlebt haben.«

Die Vorstellungen, die wieder hochkommen, wenn sich ihre alten Patientinnen an die Zeit des Kriegsendes erinnern, beschreibt sie als »extrem konkret«. »Oft geht das bis zu detailreichen Beschreibungen der Räume und zu wörtlichen Zitaten dessen, was ein Täter zu ihnen gesagt hat.« Die Frauen, die vergewaltigt wurden, beschreiben oft auch die Täter sehr genau, sie haben ein klares Objekt, auf das sich die negativen Gefühle über Jahrzehnte hinweg gerichtet haben. »Zu Beginn der Therapie ist Verbitterung zu spüren, die Frauen schreiben ›Ich war damals zwölf, mein Leben wurde kaputtgemacht, und ich konnte doch nichts dafür.‹« Im Lauf der Zeit komme dann oft zum Ausdruck, dass das Opfer selbst außerdem noch Schuldgefühle plagten, weil es zur Täternation gehörte. »Einige Teilnehmerinnen, die nach dem Krieg in der DDR gelebt haben, schreiben auch: ›Ich durfte wegen der deutsch-sowjetischen Freundschaft nicht sagen, dass ein Russe mir das angetan hat.‹« Ihnen wurde aus politischen Gründen eine stillschweigende, vorschnelle und rein formelle Art des Verzeihens verordnet.

Am Ende eines Lebenstagebuchs seien aber oft auch Sätze zu lesen, in denen echtes Mitgefühl mit den Soldaten und ihren Familien zum Ausdruck komme. Auch sie haben schlimme Dinge erlebt, haben Angehörige verloren. Das Mitgefühl muss sich dann nicht mehr für eine »Seite« entscheiden. »Therapien wie unsere sollen den Menschen der Kriegsgeneration die Möglichkeit geben, sich mit ihrer Geschichte auszusöhnen, ihren Frieden mit der Vergangenheit zu machen«, formuliert Böttche. Der Soldat, der vor Jahrzehnten ein junges Mädchen vergewaltigt hat, ist jetzt ein alter Mann oder nicht mehr am Leben. Ob man sich mit ihm persönlich aussöhnen könnte, ist eigentlich kein Thema mehr. Mag sein, dass sich eine versöhnliche Stimmung einstellt. Sie wird sich vor allem auf das eigene

Leben erstrecken: Wenn ich über mein Leid spreche, verharmlose ich damit nicht die historische Schuld meines Volkes, mein persönliches Erlebnis ist wichtig, weil ich als Person wichtig bin. Aber es hat nicht alles überschattet. »Wer das erkennt, kann sich auch eher mit seiner ehemaligen Heimat versöhnen, kann akzeptieren, dass dort jetzt jemand anders wohnt, ohne sich deshalb sein ganzes Leben lang als Opfer zu fühlen.«

Wenn Menschen ihre Erlebnisse so einordnen und darüber in dieser Form erzählen können, hat das nach Böttches Erfahrung auch Auswirkungen auf die nächsten Generationen. »Viele dieser Frauen waren starke Mütter, und sie wollten dieses Bild aufrechterhalten. Die Schreibtherapie gibt ihnen nun eine neue Möglichkeit zur Kommunikation mit ihren Töchtern. Sie sagen: ›Hier, das habe ich über mein Leben aufgeschrieben, das könnt ihr gerne lesen!‹« Was sie dann lesen, könnte nach Böttches Ansicht auch den Töchtern Aufschluss über bestimmte Verhaltensweisen geben. »Sie haben oft ähnliche Symptomatiken, dasselbe Verhalten wie ihre Mütter, sie ertragen zum Beispiel oft keine Nähe, wissen aber nicht warum. Wenn ihnen dann die Mutter mitteilen kann, was ihr zugestoßen ist, verstehen sie vielleicht auch sich selbst besser.« Einige Teilnehmerinnen hätten ihre Texte sogar als Weihnachtsgeschenk für ihre Kinder und Enkel zu einem kleinen Buch binden lassen. »Sie sagen sich: Das liegt jetzt irgendwo, falls ich sterbe, ist nicht alles weg.«

Im Projekt »Lebenstagebuch« wird durch gewisse Leitfragen eine Struktur vorgegeben, die den Patienten beim Aufzeichnen ihrer Erinnerungen hilft. Hinzu kommt, dass für jeden der elf Texte 45 konzentrierte Minuten aufgewendet werden sollen. Hilfreich sind sicher auch die regelmäßigen Rückmeldungen der Psychotherapeuten, die immer wieder Impulse setzen und die Teilnehmer herausfordern. Doch das eigentliche Prinzip könnte sich jeder und jede auch ohne diesen Rahmen zunutze machen: Aufschreiben, was mich belastet, schriftlich aufbewahren, was kommende Generationen von mir erfahren sollten, im Verlauf des Schreibens aber auch darüber nachdenken, auf welche Kraftquellen ich in meinem Leben zurückgreifen kann. Mir bewusstmachen, was ich gern tue, worauf ich mich freue, worauf ich stolz sein kann. »Beim Schreiben denkt man meist gründlicher nach als beim Sprechen, man überlegt genau, wie man etwas formulieren will, weil es ja ›bleibt‹, weil es nicht so schnell vergessen werden kann«, sagt Psychologin Böttche. Auch für sie selbst ist diese Therapieform eine Herausforderung. Sie weiß, dass die Patienten ihre Texte mit den entsprechenden Rückmeldungen wieder und wieder lesen. Das Sich-Versöhnen mit den wunden Punkten der eigenen Vergangenheit ist eine kontinuierliche, mühsame Arbeit. Jedoch eine lohnende.

Resümee

Unsere Fähigkeit zum Verzeihen wird besonders in familiären Beziehungen immer wieder auf harte und vielfältige Proben gestellt, wie die Geschichten dieses Kapitels zeigen. Dabei ist uns diese Fähigkeit nicht in die Wiege gelegt. Echtes Verzeihen setzt ein Mindestmaß an intellektueller und emotionaler Reife voraus, wie der Psychiater Oliver Bilke betont: Der Mensch muss fähig sein, von konkreten Situationen aus zu verallgemeinern, er muss negative und positive Erfahrungen in ein einigermaßen gerechtes Gesamtbild integrieren können. Und er muss lernen, seine negativen Gefühlsregungen zu regulieren, um zum Beispiel aus einer berechtigten Wut allein herauszufinden. Von kleinen Kindern kann das nicht erwartet werden, Erwachsene müssen es vormachen, sie müssen ihnen helfen, es nach und nach zu lernen. Im Lauf des Heranwachsens helfen sie ihren Kindern dabei am besten, indem sie gemeinsam über Vorfälle sprechen, die die Kinder wütend gemacht haben, und ihnen die Sicht aller Beteiligten nahebringen. Fiktive Geschichten aus Büchern oder Filmen vermitteln besonders wirksam, wie wichtig es ist, die Sichtweise anderer Menschen einzunehmen. Vorausgesetzt, ein Kind bekommt die Chance, darüber mit lebenserfahrenen Menschen zu sprechen. Was Kinder jedoch von klein auf ganz von selbst tun, weil ihnen gar nichts anderes übrig bleibt: Sie geben ihren Eltern und anderen Bezugspersonen unzählige neue Chancen. Denn sie sind trotz allem weiterhin auf die Erwachsenen, die sie körperlich oder seelisch verletzen, angewiesen. Als ein extremes Beispiel dafür haben wir das Kind und die Jugendliche Natascha Kampusch kennengelernt. Sie hat nach dem Tod ihres Entführers eine versöhnliche Haltung eingenommen, die erstaunt. Die meisten anderen jungen Erwachsenen, die in ihrer Kindheit unscheinbarere, alltäglichere Verletzungen erfahren haben, meist von den Eltern, müssen sich dagegen der Frage stellen, welche Beziehung sie in Zukunft zu ihnen haben möchten. Für sie alle ist es lebenswichtig, nach vorn zu schauen. »Ich möchte gar nicht so viel Müll im Kopf haben«, sagt Ann-Kathrin N., die als Adoptivtochter Demütigungen und Schläge erlitten hat. Sie ist inzwischen zu der Überzeugung gekommen, dass es kaum Chancen gibt, mit ihren Eltern über die Verletzungen zu sprechen. Doch nach vielen Gesprächen mit ihrem Partner, der sie mit klaren Nachfragen und viel Wärme begleitet hat, versucht sie nun eine nachsichtige, »verzeihliche« Haltung einzunehmen.

Diese Haltung möchte Thomas Schlingmann vor allem sich selbst gegenüber finden. Zu seinem Vater, der ihn in der Kindheit sexuell missbraucht hat, ist der Kontakt seit Jahren abgebrochen. Doch er hat in seiner Beratungstätigkeit viele andere Menschen kennengelernt, denen er mit seiner eigenen »Väterlichkeit« helfen konnte. »Meine Erfahrungen haben etwas gebracht«, sagt er heute. Er hat Frieden mit sich selbst geschlossen und mit seiner leidvollen Geschichte. Er hadert nicht mehr mit seinem Schicksal, allerdings kann und will er seinem Vater auch nicht verzeihen. Spätestens nach dem Brief, den der Sohn per Einschreiben an den Vater schickte, war klar, wie der Sohn die Vergangenheit sieht.

Für einige »verlassene« Eltern, die unter dem Kontaktabbruch ihrer Kinder leiden, ist das nach vielen als harmonisch erlebten Jahren hingegen überhaupt nicht deutlich. Irene Z. hat sich inzwischen einen Reim auf das Verhalten ihres verheirateten Sohnes gemacht, sie versucht, seine Zerrissenheit zu verstehen, das Vergeben als Herausforderung zu betrachten und zu meistern. Auch Constantin B., der seinen großen Bruder, das jahrelange Vorbild, verloren hat, musste lange mit seiner Wut und seiner Enttäuschung kämpfen. Inzwischen ist die Trauer stiller geworden. Und es ist die Einsicht dazugekommen, dass er selbst in eine neue Rolle hineingewachsen ist.

Diese Einsicht haben auch die älteren Frauen gewonnen, die Jahrzehnte nach den furchtbaren Kriegs- und Nachkriegserlebnissen in einer Schreibtherapie endlich vieles von dem losgeworden sind, was sie ein Leben lang keinem Menschen erzählt haben. Das heißt nicht, dass sie einem Vergewaltiger nun nachträglich seine Tat verzeihen würden. Aber sie haben erkannt, dass sie im Lauf ihres erfolgreichen Lebens stärker geworden sind, stark genug sogar, um nachsichtiger zu urteilen. Wer seine eigene Biographie gegen Ende seines Lebens so sehen kann, hat wohl das getan, was wir landläufig als »sich mit seinem Schicksal aussöhnen« bezeichnen. Mehr liegt dem Vergangenen gegenüber ja meist nicht in unserer Macht.

Dass es für verfahrene familiäre Beziehungen auch immer wieder eine Zukunft geben kann, zeigt das glückliche Ende der Mutter-Tochter-Geschichte von Monika M. Sie hat ihrer Tochter wirklich verziehen, und beide haben die Chance für einen Neuanfang genutzt. Monika M.s Verhalten zeigt Züge, wie sie sonst für Paarbeziehungen typisch sind: Sie konnte sich erst auf einen Neubeginn einlassen, als ihre Tochter sich in aller Form bei ihr entschuldigt hatte, war zunächst reserviert und hat dann nach und nach auf aktive Annäherungsversuche der Tochter reagiert. Sie hat ihr klargemacht, dass »so etwas« nicht noch einmal vorkommen dürfe. Sie hat, mit anderen Worten, Bedingungen gestellt, mit einem gewissen Stolz agiert und darauf geachtet, sich nicht »unter Wert« zu verkaufen. Dafür hat sie ihrer Tochter meiner Ansicht nach aber auch etwas ganz Großes geschenkt: Sie ist bereit, die alte Geschichte auf sich beruhen zu lassen. Sie hat sich vorgenommen, ihrer Tochter das Fehlverhalten nicht bei vermeintlich passender Gelegenheit wieder und wieder vorzuhalten.

Das ist keineswegs selbstverständlich, wie Psychiater Michael Linden im Gespräch zu Beginn dieses Buches betonte. »Ich verzeihe dir« – das kann im Einzelfall nämlich auch ein Satz sein, der einen anderen Menschen kleinmacht, schwächt und demütigt. Vor allem, wenn sich später zeigt, dass er an zahllose Bedingungen geknüpft wird. Und dass der »Übeltäter« seine Handlungen immer wieder vorgehalten bekommt. Ob es sich unter diesen Umständen um echtes Verzeihen handelt, ist allerdings die Frage. Fest steht: Neben den Paarbeziehungen sind die Familienbeziehungen für diese wackelige Form der Versöhnung besonders anfällig.

Mit Abstand, mit Einfühlung

»Mitten im Winter habe ich erfahren,
dass es in mir einen unbesiegbaren Sommer gibt.«
Albert Camus

»Is nix passiert«, sagt man in Bayern gern, wenn man eine Bitte um Entschuldigung annimmt, die gerade jemand wegen einer Lappalie ausgesprochen hat. Und meistens stimmt das auch. Was macht es schon, wenn einen jemand im vollen Bus anrempelt, solange der fremde Fahrgast nur höflich genug ist, dafür um Verzeihung zu bitten.

Die Geschichten, die in diesem Buch vorkommen, sind dagegen nicht folgenlos. Es ist durchaus »etwas passiert«. Und sie zeigen deutlich, wie viele verschiedene Gesichter das Verzeihen kennt. Selbst wenn die »Täter« sich entschuldigen, benötigen die »Opfer« meist noch Zeit. »Verzeihen muss nicht unmittelbar geschehen. Denn es braucht Zeit, die Wunden der Entfremdung zu heilen und das Gefühl von Nähe und Vertrauen wieder herzustellen, das einmal vorhanden war«, sagt die britische Philosophin Joanna North. Der Psychologe Norbert Enright geht, wie wir gesehen haben, davon aus, dass das in Etappen geschieht: Zunächst muss man sich die Wut und Enttäuschung eingestehen, dann den Entschluss zur Vergebung fassen, sich um Mitgefühl für den anderen bemühen und Stück für Stück aus dem Gefängnis der Emotionen befreien, um schließlich zu erkennen, welche Erleichterung die Vergebung bewirkt. Nicht immer muss dazu ausgesprochen werden, dass man verziehen hat. Manchmal gibt es dafür auch keine Gelegenheit mehr: etwa, wenn man den verstorbenen Eltern verzeiht.

Umgekehrt stellte sich aber in vielen Gesprächen, die in dieses Buch eingegangen sind, die Frage, ob der »Täter« sich förmlich entschuldigen muss, damit das Verzeihen gelingen kann. Ich habe dabei die Erkenntnis gewonnen, dass die Antwort nicht von der Schwere des Vergehens abhängt. Monika M. hat von ihrer Tochter eine Entschuldigung erwartet, Aline B. von ihrem Mann, Thomas Schlingmann von seinem Vater, Vera Lengsfeld von ihrem Ex-Mann. Ann-Kathrin N. und Stefanie Eid, die ebenfalls viel zu verzeihen haben, sagen dagegen, das Warten auf eine Entschuldigung mache abhängig und nehme ihnen selbst einen Teil ihrer Freiheit. Um wieder emotional unabhängig und handlungsfähig zu werden, möchten sie aus freien Stücken und ohne Vorbedingung verzeihen. Das hat auch etwas mit dem Gefühl von Stärke zu tun. Denn es ist keineswegs immer der Schwächere, der verzeiht. Viele Menschen fühlen sich wieder stärker, wenn sie sich im Verlauf einer schweren Lebenskrise entschließen, einem anderen Menschen zu verzeihen. Denn das steht in ihrer Macht. Niemand kann sich dagegen wehren, dass ihm verziehen wird. Wobei dann noch lange nicht von einer Versöhnung gesprochen werden kann, wie wir gesehen haben. Zur Versöhnung gehören zwei Menschen. Aber man kann Kränkungen und Verletzungen verzeihen und trotzdem aus leidvoller Erfahrung keinen persönlichen Kontakt mehr wollen. Und man muss genauso damit rechnen, dass der Mensch, dem man verzeiht, keinen Kontakt mehr wünscht. Verzeihen führt also nicht immer zu einem gemeinsamen Neuanfang. Aber es bedeutet immer einen Neuanfang für den, der diesen Schritt wagt. Und wenn alles gut geht, kann die Erinnerung keine Streiche mehr spielen, hört das Grübeln endlich auf.

»Operettentexte sind wohl nicht gerade die Stellen, an denen man große Lebensweisheiten vermuten sollte«, schreibt Andreas Salcher in seinem Buch *Der verletzte Mensch*. Doch eine Ausnahme möchte der Autor aus Wien gelten lassen, nämlich den schönen Satz aus der Operette *Die Fledermaus* von Johann Strauß: »Glücklich ist, wer vergisst, was doch nicht zu ändern ist.« Das ist gut nachvollziehbar, denn es trägt zum persönlichen Wohlbefinden bei, wenn man eine Kränkung vergessen kann, die nicht mehr rückgängig zu machen ist, eine

Beziehung zu vergessen, die nicht mehr gekittet werden kann, ein persönliches Versagen zu vergessen, an dem niemand mehr etwas ändern kann. Das Leben bekommt neuen Schwung, den mancher aus einer gekonnten Operetten-Inszenierung auch heute noch gern mit nach Hause nimmt.

Arthur Schopenhauer äußert einen Einwand gegen das Vergessen: »Vergeben und vergessen heißt, kostbare Erfahrungen zum Fenster hinauszuwerfen.« Eine berechtigte Warnung, die allerdings nur für das Vergessen, nicht für das Vergeben gilt, wie die Geschichten dieses Buches gezeigt haben. Menschen, denen das Verzeihen gelingt, schaffen es, das Vergangene ein Stück weit ruhen zu lassen. Sie löschen dafür keineswegs ganze Dateien aus ihrem Gedächtnis. Sonst wären sie nicht in der Lage, aus ihren Erfahrungen auch Lehren für die Zukunft zu ziehen. Könnte man also den Satz von Johann Strauß nicht ein ganz klein wenig verändern? Und behaupten: Glücklich sei, wer verzeih', wo doch nichts zu ändern sei?

Zu ändern wäre ausschließlich etwas am eigenen Verhalten, in dem Moment, in dem wieder etwas Vergleichbares passiert. »Menschen ahnen, dass sie es in gewissem Ausmaß in ihrer Kontrolle haben, in ähnlichen Situationen zukünftig ihr eigenes Verhalten besser zu steuern«, schreibt der Psychologe Reinhard Tausch in seinem Text »Verzeihen: Die doppelte Wohltat«. Dabei helfe der zeitliche Abstand zu dem verletzenden Ereignis, aber auch das Bemühen, sich in den Standpunkt und die Gefühlslage des anderen hineinzuversetzen.

Abstand und Einfühlung – von diesen beiden Helfern, die sich nur auf den ersten Blick auszuschließen scheinen, war in den Kapiteln dieses Buches immer wieder die Rede. Auch davon, dass sie in der Behandlung schwerer Verbitterungsstörungen eine entscheidende Rolle spielen. Vielleicht könnte man – anlehnend an Michael Lindens »Weisheitstherapie« – sogar behaupten, dass Weisheit darin besteht, Abstand von sich selbst zu nehmen und sich in die Lage seiner Mitmenschen hineinzuversetzen? Und dass genau darin das Verstehen besteht: In mehr Abstand zu sich selbst und weniger Abstand zu den anderen? Ich persönlich ziehe jedenfalls folgenden Schluss aus all den Gesprächen, die ich führen durfte: Analyse und Empathie sind die wesentlichen Werkzeuge, mit deren Hilfe der Mensch in der Lage ist, seine Sicht auf die eigene Geschichte so weit zu »reparieren«, dass er schließlich seinen Frieden mit ihr machen kann. Und mit den beteiligten Personen. Das käme dann in die Nähe des Verzeihens.

Aber spätestens hier taucht wieder die Frage auf: Gibt es nicht Dinge, die man niemals vergeben kann? Verbrechen, angesichts derer die Operetten-Empfehlung wie bloßer Hohn wirkt? Ich würde nicht wagen, diesem gewichtigen Einwand persönlich etwas entgegenzusetzen. Doch ich möchte zum Schluss dieses Buches von einem Interview berichten, das mich nachhaltig beeindruckt hat. Der Sozialpsychologe Harald Welzer, der bis vor kurzem am Kulturwissenschaftlichen Institut der Universität Essen die Forschungsgruppe »Erinnerung und Gedächtnis« leitete und inzwischen durch das Buch »Selbst denken« große Popularität erlangte, hat es für die *Frankfurter Rundschau* im Jahr 2003 mit der damals 69-jährigen Eva Mozes Kor geführt. Als Zehnjährige ist sie zusammen mit ihrer Zwillingsschwester Miriam Opfer der medizinischen Experimente des Dr. Joseph Mengele in Auschwitz geworden. Beide Schwestern gehören zu den wenigen, die diese Zwillingsforschung überlebt haben. Nach dem Tod ihrer Schwester im Jahr 1993 hat Eva Mozes Kor ein Museum und eine Gesellschaft für die Opfer der medizinischen Versuche während der Nazizeit gegründet. Anlässlich einer Konferenz über NS-Medizin hat sie bewusst den Kontakt zu einem der noch lebenden Ärzte gesucht, die seinerzeit an den Experimenten beteiligt waren. Eines ihrer Motive war, mehr über die Versuche zu erfahren, denen sie als Kind ausgesetzt gewesen war. Auch im Hinblick auf die Auswirkungen, die diese auf ihre Gesundheit gehabt haben könnten.

Es passierte etwas, das sie nicht erwartet hatte: Sie lernte einen Menschen kennen, der ihr von seinen wiederkehrenden Albträumen berichtete. Auf ihren Wunsch hin fuhr der Mediziner mit ihr zusammen nach Auschwitz und unterzeichnete dort, ebenfalls auf ihren Wunsch, ein Dokument, in dem er sich zu seiner Rolle bei den grausamen Experimenten bekannte. Eva Mozes Kor wollte etwas in der Hand haben gegen die Holocaust-Leugner. Nach dieser gemeinsamen Reise entwickelte sie jedoch ein völlig unerwartetes Gefühl: Sie meinte plötzlich, dem Arzt irgendetwas für seine Bereitwilligkeit »zurückgeben« zu müssen. »Monatelang fiel mir nichts ein, aber plötzlich kam ich darauf, dass ich ihm einfach vergeben konnte, was er getan hatte, und in diesem Augenblick habe ich etwas ungeheuer Wichtiges verstanden: Dass ich die Macht hatte, ihm zu vergeben. Das war eine unglaubliche Entdeckung! Das kleine Mengele-Versuchskaninchen, das sein ganzes Leben lang hilflos gewesen war, hatte plötzlich Macht!«

Über diese Äußerungen ist in der *Frankfurter Rundschau* eine heftige Debatte entbrannt. Jean Améry und Wladimir Jankelewitsch wurden zitiert, die im Ressentiment die einzig angemessene Haltung eines Holocaust-Überlebenden sehen. »Die Vergebung starb im Lager«, lautet ein bekanntes Zitat von Jankelewitsch. Die Mehrheit der Überlebenden spreche nicht mehr mit ihr, seit sie öffentlich geäußert habe, dass sie den Tätern vergeben hat, berichtet Eva Mozes Kor.

Als Autorin möchte ich mir in der moralisch-philosophischen Debatte darüber, ob nach Auschwitz überhaupt Verzeihen möglich sei oder ob hier eine Grenze erreicht ist, kein Urteil erlauben. Aber ich bin immer hellhörig, wenn von der Wirkung des Verzeihens für die Verzeihenden die Rede ist, und das ist in diesem Interview mehrfach der Fall: »Für mich ist die Frage der Heilung entscheidend«, sagt Eva Mozes Kor. »Ich wollte in der Lage sein, Auschwitz zu besuchen und abends in eine Bar gehen und tanzen zu können.« Provozierende Worte, die aus dem Mund eines Holocaust-Opfers befremden dürften. Aber genau das will Eva Mozes Kor nicht mehr sein: »Ich lehne es ab, die Rolle des Opfers zu spielen. Als ich mit dem Vergeben begonnen hatte, fiel eine Last von meinen Schultern, die ich fast 50 Jahre lang mit mir herumgetragen hatte.

Die Vergebung bietet die Möglichkeit, dass ein Opfer wieder zu jemandem wird, der kein Opfer ist.«

Dem, finde ich, ist nichts hinzuzufügen.

Anhang

Literatur zum Thema

Hannah Arendt: Vita activa oder Vom tätigen Leben. Piper, München 1981.

Kai Baumann und Michael Linden: Weisheitskompetenzen und Weisheitstherapie. Die Bewältigung von Lebensbelastungen und Anpassungsstörungen. Pabst, Lengerich 2008.

Robert Enright: Vergebung als Chance. Neuen Mut fürs Leben finden. Huber, Bern 2000.

Theodor Fontane: L'Adultera. Verschiedene Ausgaben, hier zitiert nach: Ausgewählte Werke. Gebrüder Weiss, Berlin 1964.

Viktor Frankl: Trotzdem Ja zum Leben sagen. Ein Psychologe erlebt das Konzentrationslager. Kösel, München 1977.

Martin Grabe: Lebenskunst Vergebung. Francke-Buchhandlung, Marburg 2007.

Hans Jellouschek: Wie Partnerschaft gelingt – Spielregeln der Liebe. Herder, Freiburg 2009.

Verena Kast: Wenn wir uns versöhnen. Knaur, München 2009.

Ingrid Kerz-Rühling und Tomas Plänters: Verräter oder Verführte. Eine psychoanalytische Untersuchung Inoffizieller Mitarbeiter der Stasi. Ch. Links, Berlin 2004.

Heinrich von Kleist: Michael Kohlhaas. Verschiedene Ausgaben, hier zitiert nach: Sämtliche Erzählungen und Anekdoten. dtv Klassik, München 1978.

Klaus-Michael Kodalle: Annäherungen an eine Theorie des Verzeihens. Abhandlungen der Geistes- und sozialwissenschaftlichen Klasse der Akademie der Wissenschaften und der Literatur Mainz. Nr. 8/2006, Steiner, Stuttgart 2006.

Vera Lengsfeld: Mein Weg zur Freiheit. Langen Müller, München 2002.
Fred Luskin: Die Kunst zu verzeihen. So werfen Sie Ballast von der Seele. mvg, München 2003.
Andreas Malessa und Ulrich Giesekus: Vergeben kann man nicht müssen. Brunnen, Giessen 2007.
Jörg Müller: Die Kunst der Vergebung. St. Ulrich, Augsburg 2007.
Marina Picasso: Grand-père. folio, Paris 2001.
Andreas Salcher: Der verletzte Mensch. Ecowin, Salzburg 2009.
Christian Schwennen: Verzeihen in sozialen Beziehungen. In: Sozialpsychologische Beiträge zur Positiven Psychologie, Pabst, Lengerich 2008.
Reinhard Tausch: Verzeihen: Die doppelte Wohltat. In: Psychologie heute, April 1993.
Frans de Waal: Wilde Diplomaten. Versöhnung und Entspannungspolitik bei Affen und Menschen. Carl Hanser, München 1989.
Beate M. Weingardt: Das verzeih ich dir (nie)! Kränkungen überwinden, Beziehungen erneuern. R. Brockhaus, Gütersloh 2009.
Beate M. Weingardt: »… wie auch wir vergeben unseren Schuldigern« Der Prozess des Vergebens in Theorie und Empirie. Kohlhammer, Stuttgart 2000.
»Ein Überlebender hat das Recht zu vergeben«. Ein Gespräch zwischen Eva Mendes Kor und Harald Welzer. In: Frankfurter Rundschau, Juni 2003.

Hilfreiche Internetseiten:

www.mobbing-web.de
Internetseite mit Informationen über Zahlen und Fakten über das Mobbing im Arbeitsleben

www.tauwetter.de
Anlaufstelle für Männer, die als Jungen sexuell missbraucht wurden

www.wildwasser.de
Anlaufstelle vor allem für Mädchen und Frauen, die von sexuellem Missbrauch betroffen sind, und für deren Freunde und Angehörige

www.verlassene-eltern.de
Selbsthilfegruppen in mehreren Orten für Eltern, die darunter leiden, dass ihre erwachsenen Kinder den Kontakt zu ihnen ablehnen

www.lebenstagebuch.de
Schreibtherapie für Menschen über 65, die aufgrund traumatischer Erlebnisse während oder kurz nach dem Zweiten Weltkrieg unter psychischen Langzeitfolgen leiden